《中国脱贫攻坚典型案例丛书》
编委会

主　任：黄承伟

副主任：曾佑志　罗朝立

成　员：（以姓氏笔画排序）

王　菁　王小林　王晓杨　左　停　叶敬忠　丛建辉　吕　方
吕开宇　向德平　孙兆霞　苏　娟　苏保忠　李　慧　李小宁
李晓峰　李海金　杨　玲　吴振磊　吴惠芳　余成群　张　琦
张　博　陆汉文　范军武　金文成　赵曙光　夏庆杰　徐　婧
谢玲红　燕连福

编辑工作组：（以姓氏笔画排序）

丁漫沁　马俊茹　王　菁　印　超　刘　一　刘晶晶　苏　娟
李　慧　高　勇　黄　婧

千年一跃：独龙江畔的脱贫攻坚实践

中国扶贫发展中心　组织编写
孙兆霞　张建　徐磊　宗世法　等　著

QIANNIAN YI YUE DULONGJIANG PAN DE TUOPINGONGJIAN SHIJIAN

人民出版社

《千年一跃：独龙江畔的脱贫攻坚实践》
编 写 组

主　编：孙兆霞

副主编：王春光　宗世法

编写人员：

孙兆霞　王春光　黄　路　谭同学　张　建　马流辉　曹端波
陈志永　徐　磊　宗世法　雷　勇　王晓晖　毛刚强　曾　芸
杜星梅　梁　坤

编写说明

2021年2月25日，习近平总书记在全国脱贫攻坚总结表彰大会上庄严宣告，经过全党全国各族人民共同努力，在迎来中国共产党成立一百周年的重要时刻，我国脱贫攻坚战取得了全面胜利，现行标准下9899万农村贫困人口全部脱贫，832个贫困县全部摘帽，12.8万个贫困村全部出列，区域性整体贫困得到解决，完成了消除绝对贫困的艰巨任务，创造了又一个彪炳史册的人间奇迹！

党的十八大以来，以习近平同志为核心的党中央把脱贫攻坚摆在治国理政的突出位置，把脱贫攻坚作为全面建成小康社会的底线任务，组织开展了声势浩大的脱贫攻坚人民战争。党和人民披荆斩棘、栉风沐雨，发扬钉钉子精神，敢于啃硬骨头，攻克了一个又一个贫中之贫、坚中之坚，脱贫攻坚取得了重大历史性成就。新时代脱贫攻坚深刻改变了贫困地区落后面貌，有力推动了中国农村的经济社会发展进程，为实现全面建成小康社会目标任务作出了关键性贡献，为全面建设社会主义现代化国家、实现第二个百年奋斗目标奠定了坚实基础。脱贫攻坚，取得了物质上的累累硕果，也取得了精神上的累累硕果，脱贫群众精神风貌焕然一新，增添了自立自强的信心勇气。党在农村的执政基础更加牢固，党群关系、干群关系得到极大巩固和发展。脱贫攻坚伟大斗争，锻造形成了"上下同心、尽锐出战、精准务实、开拓创新、攻坚克难、不负人民"的脱贫攻坚精神。创造了减贫治理的中国样本,为全球减贫事业作出了重大贡献,走出了一条中国特色减贫道路,形成了中国特色反贫困理论,丰富了人类文明新形态的探索。

为贯彻落实习近平总书记"脱贫攻坚不仅要做得好,而且要讲得好"的重要指示精神,各地区各部门全面总结脱贫攻坚经验。为记录好脱贫攻坚这场伟大的人民战争,原国务院扶贫办党组就脱贫攻坚成就和经验总结工作作出专项安排。中国扶贫发展中心在原国务院扶贫办党组的领导指导及各司各单位的配合支持下,具体牵头承办25个典型案例总结工作。发展中心精心组织工作推进,分区域、专题、层次召开了30多次讨论会,编印脱贫攻坚案例总结项目指南和驻扎式调研实施方案及有关规范要求,公开遴选25个机构组成由国内知名专家担纲的团队,深入210多个县,开展进村入户、深入县乡村访谈座谈,累计在基层一线驻扎938天。历时半年,形成了一批符合规范、较高质量的典型案例并通过了党组组织的评审,报告成果累计400多万字、视频成果16个。

西藏、四省涉藏州县、新疆南疆四地州、四川省凉山州、云南省怒江州、甘肃省临夏州、陕西省延安市、贵州省毕节市、宁德赣州湘西定西四市州、河南省兰考县、江西省井冈山市、宁夏回族自治区永宁县闽宁镇、云南省贡山县独龙江乡、河北省阜平县骆驼湾村和顾家台村、湖南省花垣县十八洞村等15个区域案例研究成果,全面呈现了这些典型贫困地区打赢脱贫攻坚战的艰苦历程,结合各地方特色,系统分析了不同地方脱贫攻坚取得的历史性成就、主要做法、遇到的困难问题、产生的经验启示,基于实地观察提出了相关建议,提炼了一批鲜活生动的脱贫故事。这些典型区域脱贫攻坚案例成果,对于巩固拓展脱贫攻坚成果,接续推动脱贫地区发展,进一步推动发展不平衡不充分问题的解决,具有重要理论价值和实践意义。

驻村帮扶、东西部扶贫协作、易地扶贫搬迁、建档立卡、扶贫小额信贷、光伏扶贫、扶贫车间、学前学会普通话、生态扶贫、电商扶贫等10个专题案例研究成果，以不同地方具体个案作为支撑，生动反映国家减贫治理中有特色、有成效的探索创新，在分析专项政策举措带来发展变化的基础上，归纳提炼其特色做法、突出成效、实践经验，分析存在的问题和挑战，提出相关建议。这些专题案例研究成果，为全面展示精准扶贫的顶层设计和生动实践，讲好中国脱贫故事提供了鲜活素材。

脱贫摘帽不是终点，而是新生活新奋斗的起点。脱贫攻坚取得全面胜利后，全面推进乡村振兴，这是"三农"工作重心的历史性转移，其深度、广度、难度不亚于脱贫攻坚。我们相信，本丛书汇集的这批脱贫攻坚典型案例所揭示的方法论意义，对于巩固拓展脱贫攻坚成果、全面推进乡村振兴、加快农业农村现代化、建设农业强国具有重要借鉴价值，对于促进实现人的全面发展和全体人民共同富裕具有重要启示。

在各书稿编写过程中，中国扶贫发展中心邀请文军、田毅鹏、刘学敏、孙久文、杜志雄、李重、吴大华、吴建平、汪向东、张莉琴、陆航、林万龙、荣利颖、胡宜、钟涨宝、贺东航、聂凤英、徐勇、康沛竹、鲁可荣、蒲正学、雷明、潘颖豪、戴焰军（以姓氏笔画排序）等专家给予了精心指导，为丛书出版提供了专业支持。

编委会
2022 年 6 月

目 录

第一章　独龙江畔的千年一跃 1

一、从食不果腹到生活小康 2

二、从鸟道羊肠到现代公路 6

三、从穴居巢居到现代村居 10

四、从无教无医到优质保障 12

五、从刀耕火种到现代农商 13

六、从烧山毁山到金山银山 15

七、从太古之民到现代居民 17

第二章　扎根的党建扶贫 22

一、独龙江乡党建扶贫的奠基 23

二、脱贫攻坚时期党建与扶贫双推进 32

三、党性与人民性的深化 40

第三章　开放式社区建设 51

一、持续推进独龙江乡的开放进程 51

二、集中安居提升群众社区生活质量 62
　　三、现代公共生活与社区营造 71

第四章　多元化在地生计 81
　　一、契合本地的生态产业选择 82
　　二、守护边疆、生态的就业支持 92
　　三、技能型人才培养与就业拓展 99

第五章　发展型社会保护 108
　　一、教育资助与受教育权保障 109
　　二、医疗卫生服务质量全面提升 121
　　三、弱势群体的多样化福利供给 130

第六章　总结与展望 139
　　一、独龙江乡脱贫的基本经验 139
　　二、独龙江乡进一步发展面临的挑战 145
　　三、独龙江乡发展展望 148

附录一　村庄资源及脱贫攻坚示意图与村情概述 151

附录二　驻扎式调研期间访谈录音整理 173

参考文献 209
后　记 213

第一章　独龙江畔的千年一跃

你们生活在边境地区、高山地带，又是贫困地区，在新中国成立以前生活在原始状态里。新中国成立后，在党和政府关心下，独龙族从原始社会迈入社会主义，实现了第一次跨越。新世纪以来，我们又有了第二次跨越：同各族人民共同迈向小康。这个过程中，党和政府、全国各族人民会一如既往关心、支持、帮助独龙族。

——2015年习近平总书记会见贡山独龙族怒族自治县干部群众代表时的讲话[①]

独龙族是我国28个人口较少民族、云南省9个"直过民族"之一。独龙江乡是独龙族的唯一聚居地，位于独龙江流域中缅和滇藏结合部，"三江并流"世界自然遗产核心区之一，全乡总面积1994平方公里，国境线长91.7公里，下辖6个行政村，共1142户4194人。长期以来，独龙江乡曾是我国最偏远、最封闭、最贫困的乡镇之一，是我国最难以脱贫的"硬骨头"中最"硬"的一部分。

---

① 李斌等：《"全面实现小康，一个民族都不能少"——习近平总书记会见贡山独龙族怒族自治县干部群众代表侧记》，《人民日报》2015年1月23日。

党的十八大以来，党中央团结带领全党全国各族人民，组织实施了人类历史上规模最大、力度最强的脱贫攻坚战，独龙江乡获得前所未有的发展机遇，习近平总书记曾两次回信、一次接见当地干部群众，指出独龙族"是我们中华民族，56个民族大家庭的平等的一员，一个民族都不能少，都要全面地实现小康"[1]。在习近平总书记和党中央的关怀下，云南省因族施策、精准帮扶，独龙族这个曾经刀耕火种、结绳记事、狩猎为生的民族，一跃跨千年，历史性告别绝对贫困，率先实现了整族脱贫，成为人类减贫史上极端贫困的人口较少民族的脱贫典型，经济社会发展大踏步赶上来，整体面貌发生历史性巨变。

一、从食不果腹到生活小康

两次跨越、收入大幅度增加。历史上的独龙江乡人民，"所种之地，惟以刀伐木，纵火焚烧，用竹锥地成眼"[2]，处于刀耕火种为代表的原始农业阶段。由于生产工具的限制[3]，农业收成只能维持7—10个月的口粮，少者甚至不足半年，[4]"忍饥耐饿"，或依靠渔猎和采集勉强充饥。

新中国成立后，普遍地救济和发放大批的板锄、条锄、镰刀和铁犁，并在1952年开垦水田、用牛耕地，当地人民实现了第一次跨越，进入锄耕农

---

[1] 《不忘初心 继续前进》，人民出版社、学习出版社2017年版，第28页。

[2] 方国瑜主编：《云南史料丛刊》（第十二卷），徐文德、木芹、郑志蕙篆录校订，云南大学出版社2001年版，第149页。

[3] 主要的生产工具是铁制的砍刀和木勾上包有铁皮的"恰卡"，只有少部分人家使用铁斧。如龙棍自然村16户中，铁刀33把，恰卡50把，斧头9把，镰刀8把。参见中国科学院民族研究所云南民族调查组、云南省历史研究所民族研究所编：《云南省怒江独龙族社会调查》，1964年，第75页。

[4] 云南省编辑组编：《独龙族社会历史调查》（二），云南民族出版社1985年版，第12页。

业阶段。① 此后，随着外部物资、技术、资金和信息的输送，当地人民实现基本温饱。但是，由于区位偏僻、远离市场，直到 1989 年，独龙江乡人均占有粮食量只有 187.77 公斤（全国人均占有粮食量 361.6 公斤），人均总收入仅为 212.83 元（全国人均总收入 1438.85 元）②，仍处于极端贫困状态。

新世纪以来，独龙族同各族人民共同迈向小康，实现了第二次跨越。独龙江乡农村经济总收入，从 2009 年的 493 万元提升到 2015 年的 1670 万元，2020 年达到 4263.83 万元。独龙江乡农民人均纯收入，从 2009 年的 908 元，跃升至 2020 年的 10166.5 元，生活水平获得根本性提升。（如图 1-1 所示）在收入构成方面，独龙江乡建档立卡贫困户年收入以工资性收入、转移性收入、生产经营性收入为主，分别占比 30% 以上。③（见图 1-2）

贫困发生率直线下降。2008 年，独龙江乡纳入农村"低保"困难居民

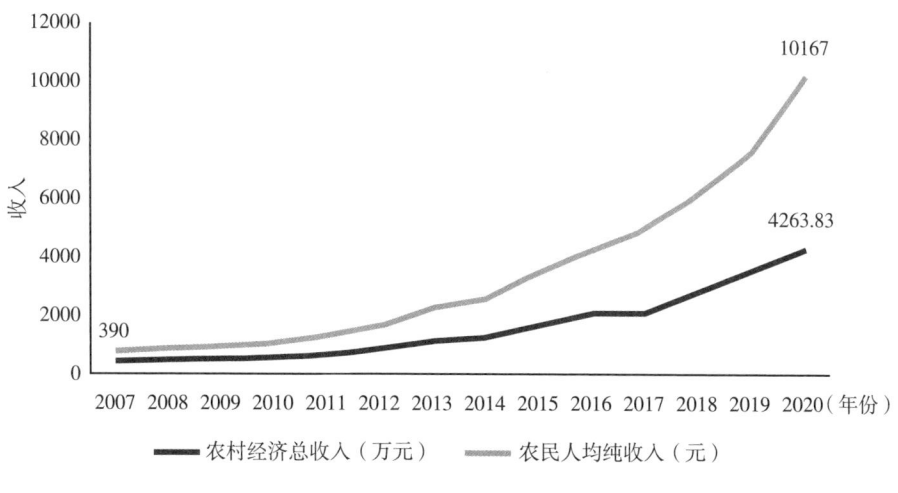

图 1-1　2007—2020 年独龙江乡收入情况变化图

---

① 中国科学院民族研究所云南民族调查组、云南省历史研究所民族研究所编：《云南省怒江独龙族社会调查》，1964 年，第 75 页。
② 何大明主编：《高山峡谷人地复合系统的演进——独龙族近期社会、经济和环境的综合调查及协调发展研究》，云南民族出版社 1996 年版，第 63 页。
③ 根据 2014 年识别的 609 户建档立卡贫困户在 2020 年的收入构成。

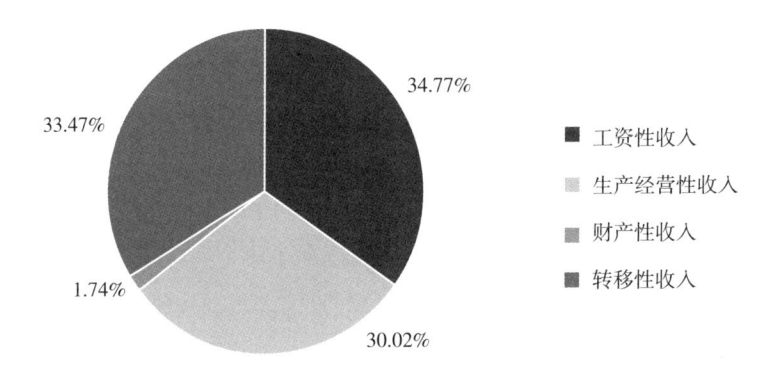

图 1-2 独龙江乡建档立卡贫困户年收入构成情况

874 户、3595 人,占到全乡农业人口数的 91.3%;2009 年,按照中国绝对贫困线标准——人均年收入 1196 元计算,独龙江乡贫困人口为 3946 人,贫困发生率高达 95.26%,"贫中之贫,困中之困",整族贫困状况较为突出。

到 2014 年,全乡建档立卡贫困户仍有 609 户 2311 人,贫困发生率为 37.4%,比全国高 30 个百分点,是 28 个人口较少民族平均水平(18.1%)的 2 倍多。2014 年以后,独龙江乡贫困人口数量直线下降,年度累计脱贫人口持续上升(见图 1-3);2018 年,独龙江乡实现整乡脱贫出列;2019 年

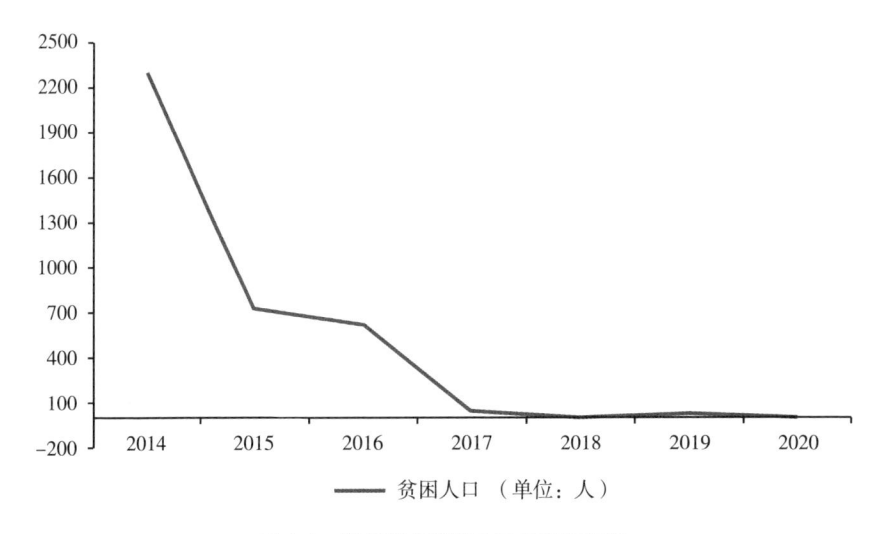

图 1-3 独龙江乡贫困人口年度变化图

10月新识别3户8人、返贫1户6人,综合贫困发生率为0.34%。针对这4户14人贫困人口,独龙江乡将他们全部纳入公益性岗位,实现2020年现行标准下全乡所有贫困人口100%脱贫。

村民经济获得感显著增强。2018年,独龙江乡脱贫人口错退率0%,贫困人口漏评率0%,群众认可度达95%以上。在新华社采访独龙族76岁的纹面女李文仕的视频中,她口述道:"我们独龙族世世代代都生活在独龙江边,很久以前我们干活用的工具很少,都是用刀把草木砍倒烧成灰作肥料,在烧后的地面上挖坑下种,因为现在国家扶持我们,所以现在的我们不愁吃、不愁穿,我希望我们的子孙后代也可以这样。"[①] 对于她来说,过去挖葛根、百合充饥的日子一去不复返,她对子孙的未来生活充满了期待。

1989年、2019年龙元村某户家庭生计变化

1989年龙元村某户家庭生计

家庭情况:户主64岁,男,30岁结婚,生育子女17个,存活3个(1个病死,1个早夭,1个过桥掉江,11个早产死亡),现全家4口人。

食物与收入:玉米为主,辅以土豆、南瓜,全年收粮1200多市斤,缺口800市斤,4—6月缺粮,全年收入约600元,其中煮黄樟油销售所得500元、救济款30元,其余为卖菜、卖鸡、卖猪所得。

---

① 新华社:《微记录|大爱跨千年》,http://www.xinhuanet.com/video/2020-11/27/c_1210905316.htm,2020年11月7日。

> 家庭养殖：4只鸡，2头猪，1头黄牛，3只山羊。①
>
> **2019年龙元村某户家庭生计**
>
> 家庭情况：被访人，男，30岁，未婚，初中毕业，在家务农。兄妹4人，二弟大专毕业，28岁，未婚，三弟初中毕业，未婚，妹妹，离婚在家带1岁女儿，全家7口人。
>
> 食物与收入：大米为主，辅以玉米、土豆，年末杀1头猪。卖1只羊，每年700—800元；卖10只鸡，每年1000—1500元；卖1头猪，每年4500—5000元；边民补助，每年2500元/人，合计17500元。二弟，村公益性岗位，每月1800元；三弟广东打工，自己养活自己。
>
> 种养殖业：家里2亩地，种植玉米、土豆、蔬菜；草果种植面积50亩；重楼种植1亩。30只鸡，3头猪，3只山羊。
>
> 日常生活：农忙时早6点出门，晚6点回家；农闲时，9点起床，喂鸡、猪、羊，背柴火，串门，晚上去活动室跳舞、看电视和网络电影、玩手机游戏、网络购物等。

二、从鸟道羊肠到现代公路

交通生命线基本建成。1949年前，独龙江乡到贡山县只有古栈道，"坡坎陡险，荆棘窒塞，鸟道羊肠，莫喻险阻，行人苦之"②。当时，进独龙江一

---

① 何大明主编：《高山峡谷人地复合系统的演进——独龙族近期社会、经济和环境的综合调查及协调发展研究》，云南民族出版社1996年版，第202页。

② 中国科学院民族研究所云南民族调查组、云南省民族研究所民族研究室合编：《云南省独龙族历史资料汇编》，1964年，第15页。

般需七八天，须翻越海拔 3700 多米的斯克落汪咀、黑普山和龙埂蜡卡大雪山，沿途攀悬崖、穿密林、过独木桥，不仅时刻面临蚂蟥等虫蛇的威胁，而且稍一失足便会摔下万丈深谷。新中国成立后，贡山县城每年需要运送封山物资约 30 万斤进入独龙江，按照 300 劳动力、人均 1000 斤参加运输，需历时 10 个月背完物资，但开山期能够进行运输时间的只有六七个月，交通不便严重影响着独龙江乡人民生活[①]。

1965 年，独龙江至贡山县城，全长 65 公里、人工开凿的人马驿道建成，成为此后 30 余年独龙江与外界联系的生命线。国营马帮从此能够运输物资进入独龙江，时间缩短为两三天。当时，500 多匹骡马、40 多名赶马工，每年运输量达到 110 万斤。但是，马帮运输耗费大、效率低，国家每年要花 40 万左右才能完成独龙江物资运输任务，同时独龙江乡的物资价格居高不下，村民难以负担，本地农副土特产品也难以运出去。[②]

1995 年，独龙江简易公路正式开工，并于 1999 年竣工通车，"人背马驮"的运输方式彻底终结。2011 年，独龙江公路改建工程启动，2015 年 11 月，高黎贡山隧道 6.68 公里贯通，独龙江乡彻底告别半年大雪封山的状况，到县城的交通时间缩短至 3 个小时，从根本上解决了落后的交通状况，实现了"坐上汽车回家乡，走出深山峡谷的愿望"。至 2020 年，全乡铺设柏油路面和水泥路面达 150 公里，公路等级提升为三级柏油路，全乡 6 个行政村 28 个自然村（集中居住点）实现通车，独龙江乡现代交通生命线基本建成。

溜索藤桥变跨江飞虹。横跨独龙江两岸的桥梁，与公路一起构成整个独龙江乡交通网络的血脉。独龙江水流湍急，江中多石，不能行船，原来连接两岸村庄的是溜索和藤网桥，由藤蔓编成，极不牢固，掉入江中溺亡的事故时常发生。1979 年 18 岁的独立营战士刘金国，就是在下乡走访群众途中经

---

① 黑智（述）、彭义良（整理）：《独龙江的第一条人马驿道》，载政协怒江州委员会文史资料委员会编：《独龙族》（云南省怒江州民族文史资料丛书），德宏民族出版社 1999 年版。

② 《独龙族简史》修订本编写组：《独龙族简史》，民族出版社 2008 年版，第 146 页。

过一座年久失修的藤篾木桥时坠入江中牺牲的。1965年，在巴坡村与孟当村之间，建成了独龙江上第一座钢索吊桥——红星桥，改变了独龙江上只有溜索或木桥过江的历史。[①]随后，吉木斗钢索吊桥、孔目钢索吊桥相继建成，到20世纪90年代末，独龙江上共建成3座钢索吊桥，4条分支河流上建成四座钢索吊桥和1座石拱桥，江面上架设钢溜索道（包括钢索便桥）23道、37根，总长3020米。

进入新世纪，独龙江上的桥梁建设进一步改造提升。2010—2014年期间，建设完成11座人马跨江吊桥。到2020年，全乡建设完成桥梁总计46座，其中跨江桥19座。例如，位于龙元村白来村民小组的白来大桥，于2020年10月建成通车，该桥全长148.41米，主跨75米，解决了江两岸5个自然村165户580人的过江难问题，桥塔、防护栏上的图案融入了浓郁的独龙族文化元素，犹如七彩彩虹横跨在独龙江上。白来大桥的建成通车，使独龙江上的"彩虹桥"增加至8座。

村民幸福感明显提升。交通设施的完善，给独龙江乡人民的发展带来质的飞跃，四通八达的路被誉为"团结之路、文明之路、富裕之路"。据独龙江乡马库村超市老板李金元介绍，如今独龙江乡100斤大米的销售价格，只比贡山县城贵2元，如果运送到马库村，也只是加收1元的运输费用，物资价格比以前下降许多。公路交通的发展，也带来了快递运输业的繁荣，现在村里的年轻人，网络购物成为常态，快递3—5天便可到达乡里，由此各村的电子商务站也发展起来，民族手工业品、土特产品向外销售，拓宽了销售渠道。

过去，村民只在电视上看见过汽车；如今，许多村民自己开上了小汽车。如表1-1所示，2020年全乡拥有普通二轮摩托车397辆、小型普通客车226辆、货车67辆、拖拉机34辆、三轮摩托车5辆。对于只有1137户

[①] 余尚文（述）、彭义良（整理）：《回顾独龙江畔的交通建设》，载政协怒江州委员会文史资料委员会编：《独龙族》（云南省怒江州民族文史资料丛书），德宏民族出版社1999年版。

群众的独龙江乡来说,平均每5户便有1辆普通客车。马库村某村民2015年贷款买了面包车,"当时村里有了路,但少有汽车,自己买了面包车,既方便出行,同时还能载客赚点小钱",他想了想,笑道:"不过大多数时候,我都没收大家的钱,乡里乡亲的,也不好意思。"

表1-1　2020年独龙江乡六个行政村机动车拥有量统计表

单位:辆

行政村	二轮摩托车	三轮摩托车	拖拉机	货车	小型普通客车
马库村	42	0	5	5	26
巴坡村	131	5	5	12	61
(乡政府)孔当村	14	0	0	31	54
迪政当村	70	0	7	4	25
龙元村	48	0	8	7	24
献九当村	92	0	9	8	36
合计	397	5	34	67	226

《中国教育报》对独龙江乡中心校老校长高德生的采访中写道:当年,高德生为了到县城上学,带着砍刀、背着干粮,须滑过横在江面上的一道道溜索、爬过挂在绝壁上的一座座独木天梯,再翻过海拔3672米的南磨王垭口,待到双脚磨满血泡、血泡破了结成茧,才能走出独龙江乡,进出一趟,要在悬崖陡壁间跋涉半个月。1982年,他回到独龙江乡任教,由于人马驿道的建成,高德生与几名老师步行到县城,每人能够背回100多斤的书本和教具,时间缩短到3天。如今,已经退休的高德生,驾驶着自己的白色汽车,3个小时便可到县城,曾经那条看不到尽头的山路,彻底变了模样。他感慨道:"过去和现在,一个地下,一个天上。"[1]

---

[1] 《独龙江畔 一跨千年——一个民族的教育跨越》,《中国教育报》2020年10月31日。

三、从穴居巢居到现代村居

从分散居住到集中安家。历史上,独龙江乡的聚落形态,表现为"小集中、大分散","此带地广人稀,恒三五十里始得一村,每村居民多至七八户、少或二三户不等,每户相距又或七八里十余里不等"①,到1990年左右,独龙江乡97%以上的人口仍分布在高山峡谷中,因地形起伏多变、通行困难、地广人稀,没有形成大的聚落环境。②分散的居住形式,使当地社会联系脆弱,如村里开会,仅仅是通知村民,村书记可能就要跑上一天,有的村庄发明"放炮传信",但村民可能需要跨江或徒步七八公里才能参会。

> 独龙江巴坡村,原乡政府所在地,全村430多平方公里,其中斯拉洛村民小组有110人,江边有3户,半山腰10户,山顶上还有7户,且这7户人家不集中在一地。当地干部有时到那里工作,一星期只转了6户人家。为此,乡上要通知村民或村干部去开会,即采取以下办法:通知村干部第二天上午到乡里开会,要于前一天上午在山下江边放炮;若要村干部第二天下午或傍晚开会,就在江边放两炮,山上的人们听到炮声就知道通知内容了。③

2014年,独龙江乡完成了28个集中安置点的建设,对原先分散的41

---

① 《永昌府文征摘抄》,载中国科学院民族研究所云南民族调查组、云南省民族研究所民族研究室合编:《云南省独龙族历史资料汇编》,1964年,第2页。
② 何大明主编:《高山峡谷人地复合系统的演进——独龙族近期社会、经济和环境的综合调查及协调发展研究》,云南民族出版社1996年版,第16页。
③ 《独龙族简史》修订本编写组:《独龙族简史》,民族出版社2008年版,第142页。

个自然村进行了重新布局,彻底改变了分散的聚落形态。到2018年,独龙江乡建成民族文化旅游特色村5个,村党群活动室、卫生室、群众文化活动广场、村间道路、厕所以及水、电、通信等公共服务设施一应俱全,所有集中安置点全部实现通车、通电、通电话、通广播电视、通安全饮水,4G网络实现全覆盖。2020年,独龙江乡还在全县率先进行了移动5G网络的调试开通。

茅草房、树杈房变安居房。历史上,当地人"披树叶为衣,无屋宇,居山岩中"[①],"其居处结草为庐,或以树叶复之……更有居山岩中者,衣木叶"[②],"房屋构以竹木、上复茅草,形式与野人同"[③],如迪东·丁与其家人在岩洞里生活了30多年,直到1950年才迁出,结束穴居生活。[④] 新中国成立后,当地房屋建筑主要是木垒房和竹篾房两种,大的建筑面积约60平方米,小的30平方米,"极简陋,但以竹木树根构架而成上被以草而已"[⑤],这种状态基本持续到20世纪末,人均住房面积不足6平方米。

2015年前后,独龙江乡人民搬进了安居新家。新的房屋,按照人均20平方米进行建设,共完成1068户。"千脚屋依山傍水就势布局,既保留了独龙族传统民居的建筑风格,隐现古老民族的文化遗存和历史沧桑,又与周边自然环境相协调,生态宜居,'记得住乡愁',成为独龙江一道靓丽的风景线。"[⑥] 如今,独龙江乡人民住上了有卫生间、卧室、厨房的安全稳固住房,家家户户用上了电磁炉、电饭煲、电视机、洗衣机、电冰箱,并且,全乡实

---

① 清雍正《云南通志》卷二十四。
② 清道光《云南通志》卷一百八十五。
③ 《永昌府文征摘抄》,载中国科学院民族研究所云南民族调查组、云南省民族研究所民族研究室合编:《云南省独龙族历史资料汇编》,1964年,第2页。
④ 《独龙族简史》编写组:《独龙族简史》,云南人民出版社1986年版,第46—67页。
⑤ 《云南边地问题研究》,载中国科学院民族研究所云南民族调查组、云南省民族研究所民族研究室合编:《云南省独龙族历史资料汇编》,1964年,第3—6页。
⑥ 《怒江跨越 一跃千年——人类减贫史"怒江实践"》,云南大峡谷网,https://www.nujiang.cn/2020/1209/84163.html,2020年12月9日。

行全国最低的"以电代柴"优惠电价,全年执行0.1元每千瓦时,群众使用电器更无经济负担,每年至少节省生活用电费用80多万元。由此,当地群众告别了柴扉为门、通风漏雨、摇摇晃晃的茅草房、树杈房,结束了照明取暖靠生火、传信靠放炮的历史。

四、从无教无医到优质保障

从口耳相传到学校教育。历史上,独龙族没有文字,结绳计数、木刻记事,生活技能靠祖辈口耳相传。1952年,独龙江乡第一所小学巴坡完小建立,简易的茅草房校舍,成为独龙江乡现代教育的开端;1969年,开办初中班,到1979年10年时间独龙江中学招生8个班,培养毕业生209名。但是,直到2009年,独龙江乡人均受教育年限仅为4.7年,文盲率达33.07%,比2010年第六次人口普查全国文盲率4.08%高近30个百分点。

2010年以来,独龙江乡教育获得实质提升。如今,独龙江乡建立了从学前到初中的教育体系,实现"一村一幼"全覆盖,孩子们乐享14年免费教育,义务教育入学率、巩固率均为100%。2020年,全乡初中升高中阶段升学率达98%,在5G网络支持下,独龙江乡的孩子在新冠疫情期间还与北京学生同上一堂课。目前,当地已走出3名博士、2名硕士、29名本科生,大中专毕业生共300余名。

从不事医药到现代医疗。过去,当地人民"不知医药之道,人病则请襄撒禳治之"[1],"迷信鬼神,不事医药,每年于夏秋之际,往往痢疾时行,死亡甚重,甚至有一户全部死绝者"[2]。1950年,政府巡回医疗组深入独龙江,送医送药、上门服务。1954年,独龙江乡建立第一个卫生所,此后在龙元、

---

[1] 《云南边地问题研究》,载中国科学院民族研究所云南民族调查组、云南省民族研究所民族研究室合编:《云南省独龙族历史资料汇编》,1964年,第3—6页。

[2] 《菖蒲桶志》。

献九当和孔当等村设立医疗点,才有了现代农村医疗。但直到1991年,当地群众食物单一,蛋白质短缺,婴幼儿死亡率达76%;经常有人生病的家庭占68.85%,即使常见病也有47.54%的家庭不清楚所得何病,62.30%的家庭生病后不能得到及时医治。[①]

如今,独龙江乡村民100%缴纳医疗保险,看病就医可享受基本医疗保险、大病保险、医疗救助和医疗费用兜底保障"四重保障",最终自付比例不超过10%,还可享受"先住院后结算"和"一站式"及时结报服务。"县乡村"三级医疗卫生服务质量全面提升:贡山县人民医院在2017年升级为二级乙等;独龙江乡中心卫生院建筑面积达到2679平方米,下设10个职能科室,拥有DR、彩色B超等先进的检测设备,培养11名本科学历的"西部农村订单定向免费医学生",并在昆明医科大学第一附属医院和珠海市金湾区的帮扶下建成信息化系统,已为6位患者进行了远程专家会诊;在6个行政村建成标准化村级卫生室,2019年将村医待遇从每月750元提高到2750元,村级医疗卫生事业获得根本保障。

五、从刀耕火种到现代农商

从自给农业转向商品农业。20世纪50年代,独龙江乡从原始农业向锄耕犁耕发展,群众说:"过去我们是一只手挖地,现在变成两只手挖了"。意思是过去使用"恰卡"这种简陋工具,一只手拿着它只能简单挖挖或打塘点钟,现在用双手使用锄头则挖得又深又快,同时,对自然环境的毁坏也小得多。至20世纪90年代,独龙江乡种植水稻456亩,总产量近4万千克。1986年,独龙江乡试种植玉米,2000年粮食总产量突破100万千克,勉强

[①] 何大明、李恒主编:《独龙江和独龙族综合研究》,云南科学技术出版社1996年版,第16页。

千年一跃：独龙江畔的脱贫攻坚实践

解决吃饭问题。2001年，实施生态保护工程，彻底结束刀耕火种的历史。①

新世纪，独龙江乡确立了"远抓林果、近抓畜牧"的发展方向。2008年以来，独龙江乡的种养业从满足农户自我消费向通过市场交易获取利润转变。2009年，在保证水稻、蔬菜、洋芋等粮食作物产量基础上，积极发展以草果、重楼、独龙牛种养为主的农村产业，全年完成草果种植2.4万亩、花椒种植4450亩、茶叶种仔发放2000多千克、核桃种植4220亩。至2020年，全乡耕地面积3896.29亩，粮食播种面积2848亩，粮食总产量393.8吨（不含退耕粮）；草果种植面积累计达6.98万亩，产量1275吨，产值约1020万元；重楼种植1124.3亩，产量1100千克；黄精1041.7亩；葛根704.22亩；招养独龙蜂4625箱，产量约2560千克，大小牲畜存栏21110头（只），出栏10600头（只）；新种植羊肚菌403亩，金耳示范种植5亩，种植黄精40亩。独龙江乡农村产业实现长短互补、种养结合，现代农业体系基本建立。

从以物易物到现代商贸。过去，当地社会内部尚无商品生产，多数人不以货币为计算价值的标准，而视之为一种普通物品，大多用作装饰。②"曲子之交易，尚使用以物易物之办法，大抵以其本地所产，换取其所不能制造之必需用品，如是而已……至其内部则人各自食其力，经济上极少有往来"。③1953年，贡山县民族贸易办事处在巴坡建立竹木结构的门市部和仓库，独龙江乡无商店的历史才彻底结束。1956年后，大米、食盐、茶叶、布匹、火柴及各种生产工具与黄连、贝母等中药材成为主要的交换商品。到2002年，独龙江乡6个行政村120公里沿线，分布的小卖部有120多家，其中90%以上为当地群众开办。

如今，独龙江乡有了自己的农特产品，独龙族的手工艺品，种养殖的草

---

① 《独龙族简史》修订本编写组：《独龙族简史》，民族出版社2008年版，第127页。
② 《独龙族简史》修订本编写组：《独龙族简史》，民族出版社2008年版，第135页。
③ 《云南边地问题研究》，载中国科学院民族研究所云南民族调查组、云南省民族研究所民族研究室合编：《云南省独龙族历史资料汇编》，1964年，第3—6页。

果、中草药、独龙牛、独龙鸡等成为重要的外销商品,大型超市、四星酒店入驻独龙江,大理、丽江的外来老板也在这里做起了生意。独龙江乡农村信用社的存贷款数据显示,截至2020年12月末,存款达到3601.84万元,各项贷款余额为1942.26万元,开立个人账户5140户,网银账户121个,手机银行账户823个,累计发放贷款886笔3771万元,其中种植业304笔1328万元、养殖业83笔372万元、旅游业65笔526万元、小卖部29笔198万元。独龙江乡经济活力可见一斑。

2020年12月2日,为了活跃独龙江乡市场经济营商环境,拓宽农特产品销售渠道,激发群众商品经济意识,独龙江乡政府正式公告了"街子天·赶集去"的固定赶集日活动(每周六)。12月5日,当地群众迎来了他们的第一个赶集日,村民们售卖自己织的独龙毯、手工柴刀、特色手工小挎包。摊主高金萍背着襁褓中的小孩,新鲜草果、荞面很快售完,丙当村的阿英奶奶在街上买到了两根藤编背带,用来背自己家的草果。为了庆祝这次赶集日,独龙江乡老年协会成员们还穿着民族服装倾情献舞。游客李先生和刘先生参加赶集日后兴奋说道:"(独龙江乡)风景优美又有特色,今天还观赏到了独龙族歌舞,此行难忘!"[①]

六、从烧山毁山到金山银山

从烧山毁山到"两山"理论全面践行。过去,当地人民靠林"吃"林,轮歇烧荒、刀耕火种、广种薄收的传统生产方式使大片的原始森林逐年减

[①] 参见潘锦秀、杨时平:《独龙江畔赶集忙,彩虹毯编织着不见不散》,独龙江乡人民政府公众号。

千年一跃：独龙江畔的脱贫攻坚实践

少。2001年，独龙江乡实施退耕还林和全面停止对天然林的商品性采伐政策，结束了乱砍滥挖的历史。2013年，独龙江乡进一步探索生态保护与"脱贫"双赢的发展路子，在保护优先的前提下发展林下特色产业和实施生态补偿政策。2016年，全乡通过《独龙江保护管理条例》，独龙江生态环境保护法制化。积极开展"保护生态，建设美好家园"主题教育，"绿水青山就是金山银山"化为每一名群众的自觉行动。至2020年，独龙江乡成功创建了独龙江AAA级景区，国家级公益林面积达6.15万亩。

习近平总书记指出，"自然是生命之母，人与自然是生命共同体"。① 在"林地广阔，耕地稀缺"的自然条件和国家级自然保护区等因素的限制下，当地群众创造性地探索出一条契合本地生态的产业之路，无论是草果、重楼种植，还是独龙牛、独龙鸡、独龙蜂养殖，逐步发展到一二三产业融合的高端旅游业，对"绿水青山就是金山银山"理论的生动实践，逐步完善的"生态经济"产业链形成可持续发展的强劲动力。

从灾害频发地到全球生物多样性优先重点保护区。独龙江流域年降水量在2932—4000毫米，一年约300天有雨，是东南亚三个多雨中心之一，为我国之最。境内沟壑纵深，山体坡度太大，不少地方接近于垂直，而且山体松软，极不稳固，长时间下雨导致自然灾害频繁，全乡地质灾害隐患点多达59处，每年均会发生较为严重的滑坡、泥石流灾害四五次。修建道路的时候，不可避免地会对原本脆弱的山体表层的植被和结构造成一定破坏，因此公路沿线往往是灾害容易发生的地方。再加上进出独龙江乡的公路只有一条，一旦发生较大的自然灾害，独龙江乡就会成为孤岛，电力、通讯、网络等都有可能遭到破坏。

如今，独龙江乡坚持走绿色减贫、绿色富民之路，落实用活生态补偿政策，将有劳动能力的贫困户，就地选聘为生态护林员、巡边护边员，并

---

① 习近平：《论中国共产党历史》，中央文献出版社2021年版，第207页。

积极发展契合当地生态的林果产业，走高端生态旅游路线，生态兴业，极大激发了群众"造绿""护绿""借绿"就地致富的内在活力和内生动力。483名生态护林员养护着171613公顷高黎贡山国家级自然保护区，传统的生态智慧重新激活，人与自然和谐、共存共生共荣共美的绿色发展理念牢固树立。

孔当村王美小组村民肯秀泉，过去在外面打工，后来回乡参加了妇女文明素质培训——乡村旅游培训，于2018年开起了特色农家乐。在她的农家乐中，房屋设计结合了独龙族传统民居元素，并以独龙族特色菜肴为主打。她说："家乡的绿水青山就是最宝贵的资源，我想让游客品尝独龙族最美的'滋味'。"在她看来，现在国家政策这么好，各级各界越来越关注独龙江乡的发展，只要肯苦肯干，日子会过得越来越好。①

七、从太古之民到现代居民

精神面貌改观、自我认同明显增强。过去，当地群众"男女披发文身，以麻布为裙衣"②，"白天太阳当衣裳，晚上火塘当被子"，长期过着一种近乎封闭的简单生活，与外界交往极少，"性懦怯"，"见有素不相识者至，则闭门不纳。即使得入屋内，亦不与交言"。③ 在1990年的调查中，纹面妇女遇

---

① 参见潘锦秀：《独龙江妇联：素质提升开创美好新生活》，独龙江人民政府公众号。
② 中国科学院民族研究所云南民族调查组、云南省民族研究所民族研究室合编：《云南省独龙族历史资料汇编》，1964年，第2—3页。
③ 中国科学院民族研究所云南民族调查组、云南省民族研究所民族研究室合编：《云南省独龙族历史资料汇编》，1964年，第2—6页。

千年一跃：独龙江畔的脱贫攻坚实践

到陌生人，"大多用围巾遮掩面部，显出羞怯神情"。① 如今，当地群众衣着整洁，开门迎客、落落大方，纹面妇女不仅走上荧幕，也成为游客眼中的靓丽风景，其举止言谈，无不展现纹面文化的独特魅力。

21世纪的头十年，独龙江乡嗜酒之习蔚然成风，为此还曾出台"禁酒令"；如今的年轻人，"也爱喝两口"，却懂得了节制。当地22岁小伙李中平，在其微信签名中写下"励志少年，没有酒局"，以此自勉。他家住孔当村腊配小组，初中毕业，在县城当过2个月理发学徒，看见家乡旅游发展的前景，便回到村中，贷款5万元建起了两间总共70平方米的农家乐，全身心投入到农家乐的建设和经营中，他已经没有时间喝酒，"也不想因酒误事"。②

> 现在，群众精神面貌改观了。一是外观变化。我们上一代人，不像现在这些人那么白，都是黑的，当时卫生条件有限，生活条件不好，用火烧，没有灯要用松明烧，烟比较大，衣服、皮肤、头发都熏得黑黑的。那时候，有些独龙江上游的人，我们看到觉得像非洲人，那是之前，现在变化很大了。二是精神面貌上的变化。以前头抬不起来，现在通过这样、那样的培训，跟外面交流比较多，跟外面世界更接近了。我们下一代的教育，也跟我们不一样，过去，我们老师汉语读一遍，民族语言翻译一遍。现在，孩子们直接在学校里用普通话交流，不像我们用本地方言，讲得都不一样，所以下面这代人面貌更好。老人带着小孩子，他们从老人那里学习实用技术、做人的道理，讲的学的比较多，跟外面接触比较多，精神面貌方面当然是翻天覆地的变化。③

---

① 何大明主编：《高山峡谷人地复合系统的演进——独龙族近期社会、经济和环境的综合调查及协调发展研究》，云南民族出版社1996年版，第16页。
② 杨时平：《村组力量——正在绽放的新时代文明之花》，独龙江乡人民政府公众号。
③ 此段根据2020年10月12日访谈独龙江乡帮扶工作队副队长吴国庆录音整理而成。

村组行动、社区认同逐步加强。新中国成立前,家庭是当地社会最重要的生活单元,一个火塘是一个小家庭,家族公社、氏族组织并未在公共生活中扮演重要角色,邻里之间以亲缘、姻亲为重要纽带,社会组织发育相对简单,"大抵人民集合数户为一村,村有村长,名曰伙头,又曰管事,伙头管事之上又有曲管"。[①] 伙头、管事,主要职责是征收钱粮,或定期组织节日庆典。深山丛林、地广人稀,村民之间的日常联系则较少,整个社会的团结程度较低。

如今,农村社区成为重要的生活单元。人们"走出火塘到广场",参加活动室组织的学习活动,协商制定了村规民约,组织村民议事会、道德评议会、红白理事会,建立了微信群,成立了志愿服务队,自我管理、自我服务,并在村庄党支部带领下,养成健康卫生习惯,学习刷牙、叠被子、整内务、打扫村庄卫生、美化村庄环境,社区扩大的邻里交往和社区服务逐渐成为村民日常生活的重要内容,村庄整合与社区团结得到加强。

腊配小组的周一早晨

距离乡政府驻地 2 公里左右的孔当村腊配小组,独龙江乡 28 个安置点中的一个。周一晨起,腊配小组组长腊向东,便会带着他的小口哨,提醒村民开始做内务搞卫生。村民们或拿着扫把、提着撮箕,或肩扛锄头铲子,在小组篮球场集中,开始他们今天的集体劳动,打扫球场、清理水沟、洁净公厕、整理内务。[②]

[①]《云南边地问题研究》,载中国科学院民族研究所云南民族调查组、云南省民族研究所民族研究室合编:《云南省独龙族历史资料汇编》,1964年,第3—6页。

[②] 参考杨时平:《村组力量——正在绽放的新时代文明之花》,独龙江乡人民政府公众号。

千年一跃：独龙江畔的脱贫攻坚实践

巡边护边、国家认同显著提升。新中国成立前，当地群众深受"苛收钱粮及强卖沙盐重利盘剥之苦"，"远隔内地，在高黎贡山以西，与汉人接触之机会甚少……不明亲疏之义与恩怨之念"。[①]1956年，贡山独龙族怒族自治县成立，从此当地人民跨入平等、团结、友爱的大家庭，曾多次受到毛泽东、刘少奇、周恩来、邓小平、江泽民等党和国家领导人的接见，也正是在社会主义的优越制度下，当地人民的经济、文化各方面得到了全面发展。

党的十八大以来，党和国家对独龙族的整族帮扶在国内外扶贫史上是绝无仅有的，独龙江乡的干部群众明确说道："独龙江乡不仅是独龙族祖祖辈辈的聚居地，这里有1994平方公里国土，边境线长达91.7公里，需要有人世代守护。"独龙江乡的脱贫攻坚战役，对于国家来说，不仅是一笔"经济账"，还是一笔"政治账"。贡山县老县长高德荣在访谈中谈道："党和国家对独龙族人民的帮助很大，我们只有按照总书记的回信，'建设好家乡、守护好边疆'，这就是我们的工作！"[②]

如今，"峡谷飘红旗"，独龙江乡各村各寨、边境通道、爱国主义教育基地等悬挂国旗，每周组织"升国旗、唱国歌、国旗下宣讲"活动，干部群众的民族自豪和爱国热情得到极大激发，群众自觉守边固边，护边员达123名，界务员达23人。马库村界务员迪志新说道："我们要让守护边疆的精神一代一代传下去，努力建设好家乡，守护好边疆。"

独龙江乡是全国唯一的独龙族聚居区，曾是云南乃至全国最为贫穷的地区之一，是我国最后一个通现代公路的地区，一直是习近平总书记最牵挂、最关心的地方。如今，独龙江乡脱贫出列，中国人口最少的少数民族之一的独龙族实现整族脱贫，独龙江畔一跃跨千年，新时代脱贫攻坚的伟大实践在

[①] 中国科学院民族研究所云南民族调查组、云南省民族研究所民族研究室合编：《云南省独龙族历史资料汇编》，1964年，第2—6页。

[②] 此段根据2020年10月10日访谈贡山县老县长高德荣录音整理而成。

这里结出了累累硕果。

  2019年4月10日,习近平总书记给独龙江乡群众回信,祝贺独龙族实现整族脱贫。习近平总书记在信中说:"脱贫只是第一步,更好的日子还在后头。希望乡亲们再接再厉、奋发图强,同心协力建设好家乡、守护好边疆,努力创造独龙族更加美好的明天!"如今的独龙族人民,在全面建设社会主义现代化的新征程中,有了底气,也更加自信。

第二章　扎根的党建扶贫

独龙江乡的巨大变化是在党的正确领导下实现的。习近平总书记指出："事实充分证明，中国共产党具有无比坚强的领导力、组织力、执行力，是团结带领人民攻坚克难、开拓前进最可靠的领导力量。"①独龙江乡脱贫攻坚战的伟大胜利，是中国共产党领导中国人民向贫困宣战的一个重要缩影，是带领全国各族人民建设全面小康、不落一个民族的庄严践行，集中展现了习近平总书记和党中央坚持以人民为中心的执政理念和坚定信念，充分印证了中国共产党无比坚强的领导力和强大的组织动员力，充分彰显了中国特色社会主义制度集中力量办大事的显著优势，充分体现了社会主义大家庭的温暖和中华民族手足相亲、守望相助的团结伟力。

新中国成立以来，党中央就一直关注独龙江乡的发展，并长期给予特殊扶持。特别是在脱贫攻坚中，独龙江乡扶贫由省州高位推动，州县组建帮扶工作队，以基层党建引领脱贫攻坚。在帮扶力量的支持下，独龙江乡的内生动力得以激发，通过"一周三活动""党员包户""三队两个一"等基层党建创新，使党组织的作用深深扎根于村庄社会，扎根于群众的心中，以党组织为平台，党员作为基础性力量深耕脱贫攻坚，将政治引领力转化为发展力、

---

① 习近平：《论"三农"工作》，中央文献出版社2022年版，第316页。

服务力转化为团结力和凝聚力、组织力转化为扎根力。基层党组织充分发挥战斗堡垒作用,在抓党建促脱贫中得到锻造,凝聚力、战斗力不断增强,基层治理能力明显提升。党组织成为脱贫主心骨,以群众的获得感和幸福感诠释了党的初心和宗旨。当地群众也因此牢固树立起"幸福不忘共产党"的感恩意识。

一、独龙江乡党建扶贫的奠基

(一)初心践行:党对独龙江乡的持续关怀

新中国成立后,党和国家对独龙江乡以及独龙族的发展一直给予特别的关注。为了解决当地的发展问题,各级党委、政府以及边防部队做了诸多努力。在党的关怀下,独龙族成为中华民族大家庭平等的一员,政治地位空前提升,经济社会发展也实现了几次跨越。

独龙族的族名就是由周恩来总理于1952年确定的。1952年7月最早进入独龙江的是碧江武工队派出的工作组,通过上山挖黄连换取食盐分发给群众等关心群众疾苦的工作,与当地群众联络感情,取得了群众的信任,建立了群众工作的基础。1953年7月初,针对独龙江情况,怒江边工委提出全区人口不多却困难很多,要从生产上多予照顾,要在生产、贸易、卫生等方面加强这个区的工作。根据这一指示,贡山县工委从内地请来种田能手到独龙江,在原有的基础上帮助独龙族群众开水田,修水利,种水稻,指导生产,一再体现了党和政府对独龙族群众的关怀。① 同年8月,独龙江开办了孔目小学,这是有史以来在当地开办的第一所学校。1964年解放军进驻马

---

① 参见中共贡山县委党史研究室编:《中国共产党贡山独龙族怒族自治县委员会大事记》,第12页。

库村后,创办了"马库军民小学",派出战士担任学校的第一任教师。1971年6月,独龙江第一次成立了农村党支部,发展了第一批共产党员。

新中国成立以前,独龙江乡缺医少药,过去当地人生病或被毒蛇野兽咬伤,大多不治而亡。解放军进驻独龙江后,便把救死扶伤、医病送药作为"扎根独龙江、一心为人民"的实际行动。当地现在还流传着解放军官兵用嘴吸蛇毒,救治群众的感人事迹。

为了改变独龙江乡封闭的状态,1964年贡山至独龙江59公里国防驿道由军民共建而成,结束了独龙江地区不能用骡马托运而只能靠人力背运的历史,成为独龙江社会发展的一个重要转折点。1999年9月,独龙江公路正式全线贯通。这条公路被誉为"结束了我国唯一未通公路的少数民族历史的伟大壮举",是独龙江的"第二次解放"。独龙江公路无疑是一条具有重要象征意义的公路,它代表了党和国家为了解决当地发展问题所作出的巨大努力。

2005年5月,国务院通过《扶持人口较少民族发展规划(2005—2010年)》,明确提出,采取措施,切实解决全国22个人口较少民族在发展中存在的主要问题,帮助他们加快发展。云南省委、省政府在认真贯彻执行党和国家民族政策和有关部署的同时,立足省情实际,明确提出"绝不能让任何一个民族掉队"的口号,制定下发了《关于采取特殊措施加快我省7个人口较少特有民族脱贫发展步伐的通知》,决定将7个人口较少民族作为《云南省农村扶贫开发纲要》的重点。

由此,在党中央的特殊关心下,在云南省委省政府的重视下,一场轰轰烈烈的独龙江、独龙族脱贫致富的攻坚战正式拉开了序幕。2010年1月,云南省委、省政府在昆明召开了"独龙江整乡推进,独龙族整族帮扶"专题会,从省级层面启动了独龙江乡整乡推进整族帮扶工作,云南省委、省人民政府对独龙江乡展开了以整体式扶贫为主的"十二五"扶贫工作。2014年,高黎贡山6.68公里独龙江隧道贯通,结束了独龙江半年封山的历史,当地干部群众给习近平总书记写了一封信,报告了这一喜讯。习近平总书记勉励独龙族群众加快脱贫致富步伐,早日实现与全国其他兄弟民族一道过上小康生活的美好梦想。2015年,习近平总书记在昆明亲切接见独龙族干部群众代表,并表示,"我们要继续发挥我国制度的优越性,继续把工作做好、事情办好。全面实现小康,一个民族都不能少","党和政府、全国各族人民会一如既往关心、支持、帮助独龙族"。①2018年底,独龙族实现整族脱贫。2019年4月,习近平总书记再次给独龙江乡群众回信,祝贺独龙族实现整族脱贫,勉励乡亲们再接再厉,努力创造独龙族更加美好的明天,"脱贫只是第一步,更好的日子还在后头"。②

(二)组织创新:独龙江乡帮扶的组织体系

从2010年起,独龙江乡的帮扶工作进入前所未有的高度。

2010年1月19日,云南省委、省政府在昆明召开独龙江乡整乡推进独龙族整族帮扶专题会议,率先提出了整族脱贫整乡帮扶的创新思路,提出通过3—5年的努力,从根本上改善独龙族群众生产生活条件,建立脱贫致富长效机制,推动实现独龙江乡跨越式发展独龙族整体脱贫的目标。随后,中共云南省委、云南省人民政府先后出台了《关于独龙江乡整乡推进独龙族整族帮扶三年行动计划的实施意见》和《中共云南省委办公厅 云南省人民政府办公厅关于印发〈2013—2014年独龙江乡整乡推进独龙族整族帮扶实施方案〉的通知》,制定了独龙江乡整乡推进独龙族整族帮扶综合发展五年规划三年行动计划,着力实施安居温饱、基础设施、社会事业、特色产业、生态环境保护与建设、素质提升"六大工程",五年共落实建设资金13.04亿元,在全国开启以建制乡和民族整体进行综合扶贫(整乡推进、整族帮扶)的新

---

① 李斌等:《"全面实现小康,一个民族都不能少"——习近平总书记会见贡山独龙族怒族自治县干部群众代表侧记》,《人民日报》2015年1月23日。

② 《习近平书信选集》第一卷,中央文献出版社2022年版,第218页。

模式。云南省成立了省独龙江乡整乡推进独龙族整族帮扶综合开发统筹协调小组，由省委副书记任组长，省级32个部门集中扶持。为了一个乡脱贫，省级层面专门成立统筹协调小组，规格之高创新纪录。怒江州制定了独龙江乡五年综合发展规划和三年行动计划，实施"独龙江整乡推进、独龙族整族帮扶"工程，力争用三年时间帮助独龙族群众摆脱困境。州、县分别成立独龙江乡整乡推进整族帮扶领导小组。

根据《贡山县独龙江乡整乡推进独龙族整族帮扶综合发展项目实施管理办法》，建立贡山县独龙江乡整乡推进整族帮扶综合发展领导小组（以下简称"领导小组"）统一领导，由县委书记任组长，各成员单位协同配合的工作机制。下设领导小组办公室、项目统筹组、宣传组、监督组和前方指挥部。办公室的重点工作是协调省州县相关部门做好项目衔接工作，统筹安排项目前期工作，负责做好跟踪落实、督促检查和年度专项工作总结等。项目统筹组主要根据三年行动计划，负责组织资金筹措、管理、拨付等工作，负责整个帮扶项目的招投标工作。宣传组负责实施过程中的宣传工作和社会氛围营造。监督组负责项目实施全过程的监督工作。前方指挥部则负责主持拟定各帮扶项目的实施方案、设计方案和季度实施计划；负责组织实施帮扶项目的"六大工程"；做好建设期间的征地拆迁工作和土地、林地的协调工作。

工作队的主要职责为：抓好有关政策法规和帮扶精神的宣传贯彻，做好群众组织发动工作；抓好基础数据细化整理工作，做深做细专项项目前期准备工作，增强各专项规划的可操作性；在乡党委政府领导下，精心组织实施好"六大工程"，协助乡党委政府进一步理清发展思路、完善发展目标、制定切实可行的工作措施。

进入脱贫攻坚时期，前期的工作队机制依然被保留了下来，怒江州派出州直单位主要负责人任独龙江乡帮扶工作队总队长，省州县均派出工作队员，在独龙江乡各村开展驻村帮扶工作。

到2014年末，独龙江乡的整乡推进整族帮扶工作胜利完成，独龙江乡的经济社会发展都取得了巨大的成就。2013年以来的精准扶贫行动，尤其是2015年起脱贫攻坚战的打响，为独龙江乡提供了新的发展机遇，同时，前一个阶段所做的扎实工作，也为独龙江乡率先脱贫奠定了坚实基础。在胜利实现了整乡推进整族帮扶的阶段性目标后，独龙江乡提出了"率先脱贫 全面小康"的新奋斗目标。怒江州、贡山县共同编制完成了《贡山县独龙江乡整乡推进独龙族整族帮扶后续发展规划（2015—2020）》与《独龙江乡脱贫摘帽攻坚方案》，涵盖六大项目后期工程的20类53个项目，开展了脱贫攻坚、基础设施、特色小镇、人居环境、旅游产业、生态环境、群众素质、基层党建"八大提升行动"，集中力量解决好当地群众的住房、交通基础设施、教育、医疗以及水、电、路等补短板问题。驻村帮扶工作队在这一时期依然是独龙江乡脱贫的中坚力量。

2018年，独龙江乡在深度贫困的怒江州率先脱贫，也成为率先实现整族脱贫的少数民族。实现了习近平总书记早日实现与全国其他兄弟民族一道过上小康生活的美好梦想的殷切希望。当地群众委托乡党委给习近平总书记写信，汇报独龙族实现整族脱贫的喜讯，表达了继续坚定信心跟党走、为建设好家乡同心奋斗的决心。2019年4月10日，习近平总书记给独龙江乡群众再次回信，祝贺独龙族实现整族脱贫，勉励乡亲们为过上更加幸福美好的生活继续团结奋斗。习近平总书记指出，"让各族群众都过上好日子，是我一直以来的心愿，也是我们共同奋斗的目标。新中国成立后，独龙族告别了刀耕火种的原始生活。进入新时代，独龙族摆脱了长期存在的贫困状况。这生动说明，有党的坚强领导，有广大人民群众的团结奋斗，人民追求幸福生活的梦想一定能够实现"，"脱贫只是第一步，更好的日子还在后头。希望乡亲们再接再厉、奋发图强，同心协力建设好家乡、守护好边疆，努力创造独龙族更加美好的明天！"[①]

[①] 《习近平书信选集》第一卷，中央文献出版社2022年版，第218页。

习近平总书记对独龙江乡的明天提出了更高的期望。为了贯彻落实习近平总书记回信重要精神，怒江州成立了专门的工作领导小组，由州委书记和州长任组长，下设综合协调组、独龙江工作组、宣传宣讲组、纪律保障组，其中独龙江工作组的主要职责是负责独龙江乡脱贫成果巩固以及乡村振兴规划。州委州政府出台了《关于独龙江乡全面脱贫与乡村振兴有效衔接的实施意见》《独龙江乡"巩固脱贫成效、实施乡村振兴"行动方案》两份专门文件，指导独龙江乡脱贫之后的发展工作。在组织体系方面，提出"五级书记抓扶贫"与"五级书记抓乡村振兴"有效衔接，将原独龙江乡率先脱贫全面小康工作协调领导小组更名为独龙江乡全面脱贫与乡村振兴有效衔接工作领导小组。

综观独龙江乡的帮扶工作，其鲜明的特点为：在党中央的关怀下，省州高位推动。云南省、怒江州、贡山县为了独龙江乡的脱贫成立专门的组织，由党委领导这一组织，并持续派出党员干部驻独龙江乡帮扶。多年来，各级党委政府认真贯彻落实习近平总书记关于扶贫工作的重要论述，一届接着一届干，一拨接着一拨帮，让独龙江乡群众的生产生活实现"一步跨千年"，彻底撕掉贫困标签，是我国脱贫史上的一项壮举，兑现了"全面实现小康，一个民族都不能少"的庄严承诺，向党中央和习近平总书记交出了合格的答卷，为其他人口较少民族整族脱贫树立了标杆。

（三）外援推动：独龙江乡帮扶工作队

在独龙江乡的帮扶过程中，一批又一批苦干实干、甘于奉献的帮扶干部，是独龙江乡脱贫攻坚的强大外援力量。

2010年3月26日，怒江州委、州政府召开专题会议，启动实施独龙江乡整乡推进独龙族整族帮扶综合发展规划和三年行动计划。为了推动独龙江乡的扶贫工作，从州县两级选派懂专业、会干事、作风实的干部，组建了驻村扶贫工作队，驻村蹲点开展征地拆迁、项目协调、质量监管、群众发动等工作。

独龙江乡整乡推进、独龙族整族帮扶工作规模大、点多面广。在项目实施过程中，针对基层人才匮乏、基础薄弱的问题，怒江州举全州之力，从州、县两级机关抽调具备专业知识和群众工作能力强的干部，组建了州、县、乡、村帮扶工作队，每个村至少安排10人直接驻村，参与项目实施，全面动员群众投工投劳参与建设。大力加强脱贫攻坚和基层党建双推进工作，成立党员先锋队、突击队，省、州、县、乡四级联动，累计派出扶贫队员400余人驻扎独龙江乡开展帮扶工作，通过苦干实干亲自干，抓示范、抓带动，激发当地群众发挥脱贫攻坚主体作用。

与在其他地方驻村扶贫不同，工作队队员长期蹲点驻扎独龙江乡开展扶贫工作，要经受通信闭塞、积雪封山、道路塌方、自然灾害频发、语言不通等重重考验。个别缺乏在艰苦条件下生活经历的队员，刚到独龙江乡就被当地的条件吓哭了。但是，帮扶工作队队员最终坚持"封山不封思想、封山不封责任、封山不封工作、封山不封学习、封山不封联系、封山不封情感"的信念，倾力倾心帮扶。2014年2月20日，帮扶工作队两名队员在督导工作途中遭遇滚石，一人遇难一人重伤，为帮扶工作献出了热血甚至生命。

工作队员的工作，一是负责监督项目的实施，查看安居房建设推进情况、工程进度和质量。二是要做好群众的思想工作。全力发动群众，积极宣传帮扶工作的意义、背景、内容、目标、要求和国家对边疆少数民族地区的惠民富民政策，让群众理解和支持帮扶工作尤其是搬迁工作。动员群众抓住国家对边疆少数民族地区实施兴民富民强民惠民政策的机遇，建设好自己的家园，真正掀起"自己的家园自己建、自己的家业自己创"的热潮。教他们拌混凝土、砌石头和砌砖，让群众参与运材料、平地基等活动。要求施工队必须用一定数量的当地群众。三是通过培训改变群众生活习惯和观念，全面组织实施素质提高工程培训，让群众在个人、家庭、环境卫生、生活习惯等方面适应现代文明需要。而这些培训，是从外人看起来非常简单的洗脸、刷牙、洗澡、整理内务等基本生活习惯开始。工作队员每天的工作内容之一，就是从早上起床便开始监督所在点群众打扫房间、洗脸、刷牙，一方面引导，另一方面也用一些物品进行激励。四是积极组织开展感恩教育活动。为歌颂党的恩情，弘扬党的政策，传承爱国文化，加强民族教育和民族团结，帮扶工作队积极组织开展感恩教育活动，以歌舞的形式，歌颂党对我们民族的关怀。五是引导村党组织和党员在家乡建设中发挥作用。在村成立各建设点安居房建设领导小组，由驻村工作队员任组长，村支书、村主任、各小组组长、副组长、支委及党员为成员，具体推进帮扶工作，也在这个过程中锻炼村干部、村党组织和党员的工作能力。

在独龙江乡工作时间最长的帮扶干部

我 1990 年中专毕业，就被分配到独龙江乡，从事农业工作，那时候从县里到独龙江乡走了 7 天。两年后调回县农业局，后来又担任副乡长。2009 年 11 月，帮扶工作队成立了，县里把我派到独龙江，任了副书记和工作队副队长。从那时候起，我在独龙江乡已经工作了 10 年，是工作队里唯一的一个。

当时我带着 5 个人下来，12 月份就封山了，我们这边的生活也是相当困难的，除了病号的饭以外，都是一菜一汤，甚至有的时候就只有一个菜。当时有两三个卖东西的杂货铺，东西全部被买光。我们工作队配的车开了一个月就要修，封山半年修理费用就已经达到车子的成本价格这么多了。在封山期间，工作队有几个人在山上差点丢了性命，有一次是工作队出来的时候，隧道口封住了，出不来，用最后一点电池打电话到了县委。只有坚强的人能承受这样的生活，那些不坚强的封山前就千方百计出去了，出不去的就在想怎么出去的问题，个别人到春节时哭哭闹闹。当时在独龙江，安全地活下来也已经是完成了工作。

我从2012年开始任队长，到2014年我们所有的建设验收完了。接着就是工程结算，一直搞到2017年。这个时候县里在脱贫攻坚补短板。因为我熟悉情况，书记亲自喊我下来负责独龙江脱贫攻坚的收尾工程。我下来就专门查问题，补短板，逐项地把发现的问题都解决好。

我现在是副县级干部，2019年8月改非，没什么事情做了，本来也可以闲下来休息一下。但是我到独龙江来就有事可以做，因为独龙江要发展，还有不少工作需要向前推进。独龙鸡这个项目以前也做过，但是没有成功。我现在就是把这个事情做起来。建独龙江原种繁育基地，希望通过这个项目让老百姓获得收益，也可以满足今后旅游发展的需要。这个项目得到了政府的大力支持，现在正在紧锣密鼓地推进后续工程，所以你看我这里的条件都还简陋，吃的住的都很简单，像个工棚一样。我2016年就因为痛风住过一段时间院。时不时会发作，前几天刚在医院治疗，现在走路都还成问题。但是为了工作，拿了一些药就下来了。①

中国共产党从成立之日起，就坚持把为中国人民谋幸福、为中华民族谋复兴作为初心使命，团结带领中国人民为创造自己的美好生活进行了长期艰辛奋斗。一届接着一届的独龙江乡帮扶工作队，深刻地实践着党的初心使

---

① 根据2020年10月12日访谈独龙江工作队队长吴国庆的录音整理而成。

命，以中国共产党的初心为深层次动能，从单一救助目标向结构性解困思路的初步实践探索，由于求真求实，一步一个脚印，为后来脱贫攻坚奠定了良好的组织基础。

二、脱贫攻坚时期党建与扶贫双推进

2014年，独龙江乡整乡推进整族帮扶工作胜利完成，紧接着，脱贫攻坚的国家战略部署又"接棒"了独龙江乡下一阶段的扶贫工作。在这期间，独龙江乡的基层党组织建设得到了较大的发展，"五级书记抓扶贫"的体制得以落地生根，当地内生的力量得以成长起来。

（一）脱贫攻坚锻造组织力

由于分布范围广，人口少，居住分散，独龙江社会组织化程度较低，长期以来只有基于血缘关系的社会组织体系，在传统中表现为父系氏族"尼勒"。由每个"尼勒"的近亲成员组成的家庭公社，大部分都分散在一片相邻近的地区内，自然地形成血缘村落，当地人称这种血缘村落为"克恩"。新中国成立以前，基督教从国外传入独龙江地区，宗教组织曾出现并很快消亡，其他社会组织一直都没有发育起来。

进入脱贫攻坚时期，大量的扶贫资源投入，需要组织化的力量作为承接的基础，而整乡推进时期实施的安居工程，让群众集中居住，以及帮扶工作队奠定的其他基础，使得党组织的发展有了充分的基础条件和发展的需要。从结构上看，独龙江乡和贡山县的独龙族党员也主要是近10年发展起来的（见表2-1）。

表 2-1 贡山县独龙族党员党龄结构统计表

党龄段	在独龙江乡工作	不在独龙江乡工作	总计
1—10	175	77	252
11—20	116	58	174
21—30	26	21	47
31—40	28	16	44
41—50	13	6	19
51—60	10	—	10
61—70	—	1	1
总计	368	179	547

贡山县独龙族党员无论是否在独龙江乡工作，党龄均以 10 年以内的比例最高，占独龙族党员总数的将近一半（46.07%）。这说明最近 10 年，独龙族党员数量增长比较明显。究其原因，首先是因为近 10 年是独龙江乡飞跃式发展的历史阶段，巨大的变化让独龙族群众纷纷向党靠拢；其次是因为帮扶工作队、驻村工作队等外来力量在独龙江乡对基层党建的重视，党组织的发展成为脱贫攻坚的重点工作之一。

表 2-2 独龙江乡 6 个村党员数量及占比统计表

村名	村人口数	村党员数	党员占全村人口比例（%）
迪政当村	589	26	4.41
龙元村	594	48	8.08
献九当村	767	52	6.78
孔当村	1004	66	6.57
巴坡村	911	93	10.21
马库村	294	35	11.90
合计	4159	320	7.69

截至 2020 年 9 月，独龙江全乡 4159 人，共有农村党员 320 名，占全乡总人口的 7.69%，若加上在乡政府等机关工作的党员，党员总数为 422 名。在 6 个村中，巴坡村和马库村党员的比例都超过了 10%。马库村位于国界

线附近，党的建设一直以来都是重点工作，而巴坡村以前为独龙江乡政府所在地，也是草果种植最早、种植面积最大的村，在产业发展中，党组织不断发展壮大起来。

同时，随着当地教育水平的不断提高，当地党员的学历结构也不断优化。党员学历为初中的党员数量最多（208人），占所有党员数的38.03%；其次为小学（106人），占比19.38%。学历在初中及以下的党员合计314人，占比57.40%。学历在大学、大专以上，接受过高等教育的党员合计130人，占比23.77%。

当地党员中，年龄在30—40岁的数量最多（194人）、占比最大（35.47%）；年龄在30岁以下（含30岁）的党员合计241人，占比9.89%；退休的老党员（61岁以上）仅有79人（占比14.44%）。这表明，当地党员的年轻化趋势明显。

随着党员人数的增加，独龙江乡的基层党组织也不断发展壮大，乡党委下设35个基层党组织，其中6个村每个村都成立了党总支部，29个党支部有25个在村里，每个村民组都有一个党支部，巴坡村还成立了农科协会党支部。

在脱贫攻坚中发展壮大起来的村级党组织，也积极回应了脱贫攻坚的需求，成为扶贫工作最重要的组织基础。其作用的发挥首先表现在精准识别、动态管理等最末端的环节。2015年以来，为了精准摸清底数，独龙江乡驻村工作队和村党组织一起，深入农户调查，利用党员人数多的优势，将工作分解到人，又由于党员对本村组的熟悉，从而能够准确地掌握每一户的具体情况，在组评村议的环节，村支两委的干部、党员、群众代表共同商议，把真正的贫困户识别出来。由于当地有着深厚的平等、共享的观念，再加上其社会规模较小，每个村寨内部都有亲属关系的连接，特别是党的十八大以来开展"不忘初心，牢记使命"的主题学习，使每一个党员干部的精神受到洗礼，因此无论是普通党员还是村干部在履行职责的时候都不会有优亲厚友的私心，这也保证了识别结果的公正，能够被群众所认可。同样，独龙江乡在低保的退出上，也利用了这一优势。独龙江乡原来是接近"全民低保"，90%以上的村民被纳入低保。随着收入水平的不断提高，大部分低保被逐渐取消，现在每个村仅剩下10多户。虽然这项工作在进展中遭遇部分村民的不理解，但是党组织公平公正公开的做法，使低保户的精准识别工作落到实处。

党员和村党组织的作用从而被赋予了更多的职能，也将基层党组织的作用进一步做实。独龙江乡有县乡扶持乡村旅游经营户25户，每户以务工、分红、购买帮扶户农产品等方式带动三到四户建档立卡户。每个村扶持的农户由村里开会讨论产生，参加会议的人员为村支两委、党员和各小组代表。讨论产生的名单上报到乡政府，乡政府再进行审核。名单确定后，经营户要和村里签订协议，约定帮扶的农户以及分红的金额等。而分红的金额也是由村里前述人员与经营户开会讨论决定。遇到特殊情况，如疫情对旅游的巨大冲击，经营户可以提出调整分红的金额，同样要经过开会讨论来确定。在政府扶持资金的报账方面，经营户先报到村里面，然后村里再报给乡里，而不是由经营户直接到乡里报。乡政府的领导告诉我们，这是因为村民有知情权，如果把村委会撇在一边，就没有重视村民的权利。村里的党员干部就是全心全意为人民服务，这是他们的工作，这也是脱贫攻坚提出的要求。

（二）组织力转化为基层治理力

独龙江乡的党组织不但承担着政治职能，而且作为弥补社会组织力量薄弱而导致的社会治理能力不足的组织力量，承担起社会功能。

独龙江乡脱贫的一项重要工作就是搬迁集中居住。这一行动带来的不仅是居住空间的改变，而是整个社会关系、生活方式的重构，从分散居住到社区化居住，其社区治理便是一项重要工作。独龙江乡的基层党建在这一方面也发挥了关键作用。

首先是由党组织带领群众培养公共卫生观念和文明生活方式。虽然独龙江乡每个村都有保洁员的公益性岗位，但是在村党组织安排的活动中，每周一都固定由全村一起打扫卫生，每个小组承担一片。驻村工作队的工作职责之一，也是帮助当地群众适应现代文明生活。

> **独龙江乡群众的蜕变**
>
> 独龙江乡的老百姓，过去主要生活在山上，环境特别艰苦，根本没精力没条件来收拾家里。当时把他们从山上搬到现在住的地方，乡里就事先想到，要教他们学会现代的生活方式，比如刷牙、洗澡、叠被子、收拾家里内务，打扫房前屋后的卫生，正确使用电视、冰箱、电饭锅等家电。这些习惯或技能外面人从小就已经具备的，然而对独龙江乡人，特别是很多中老年人来说，都是需要手把手教的。所以，我们就组织了工作队，在村干部的协助下，一点一点教，先教一些容易学会的人，然后再通过他们去教家里的其他人，直到学会为止。在这个过程中，我们以评比的方式，对那些做得好的人加以鼓励，做得不好的人则继续教，直到他们学会，成为一种生活习惯。[①]

酗酒问题曾经是独龙江乡一个难以解决的痛点。随着国家扶贫力度的增大，当地群众的粮食拥有量和现金数量都有了大幅度提高，酿酒饮酒在独龙江乡越来越普及，一些村里的小卖部卖酒的收入要占到总收入的一半，一些人走向酗酒，引发了一些家庭和社会问题。一是健康严重受损，调研中一位

[①] 根据 2020 年 9 月 29 日访谈贡山县旅游局刘超局长录音整理而成。

村民告诉我们，他们当时一起上学的 5 个同学，有 1 人因饮酒过度而死亡，还有 2 人身体喝垮了；二是饮酒后情绪冲动引起自杀，在调研中当地干部群众提到过若干起青年男女在酒后跳入独龙江自杀的事例。如今，通过村干部、驻村队员和包户党员的宣传和监督，充分发挥基层党组织的治理能力，以及群众相互监督，特别是随着产业发展机会的增加，酗酒的问题得以缓解，群众即使喝酒，也会比较克制，有的只是在结束了一天的劳动后临睡前喝一小口。

其次是由党组织带领营造社区公共生活。社区化居住后，广场等公共活动场所也同时建设起来。但是，如何让习惯于围坐自家火塘的独龙江乡群众形成公共文化活动氛围，则需要寻找新的载体。而这也首先在党组织的活动中得到突破。为了参加独龙江乡党委举办的庆祝中国共产党成立 98 周年文艺汇演，巴坡村的四个党支部举办参加乡级汇演的节目甄选比赛，在准备的过程中，群众约定俗成形成了每周三、六、日集中在党群活动室排练节目的习惯，久而久之，就形成了"穿民服唱民歌跳民舞"的"广场舞"习惯，并在全乡普及开来，丰富了群众的公共生活，让群众"从火塘到广场"，走出家庭，积极参与社区公共活动。此举极大地改变了独龙江乡群众的精神面貌。今天的独龙江乡人，从过去不敢与陌生人打交道，不敢抛头露面，变得落落大方，每到晚上，音乐一响起，便在广场上翩翩起舞。

从社区公共活动出发，群众对社区事务的参与程度不断提升，对社区的认同感也不断加强，无论是打扫卫生还是村庄建设发展项目的实施等其他事务，群众都愿意积极参与，发表自己的想法，也由此增进了社区事务处理的公平性，群众的协商、合作能力也在此过程中得以建立起来。而村庄党组织则成为社区组织化的引领力量，带领村民处理村庄的公共事务。如今，在独龙江乡，遇到自然灾害等突发事件，各村党组织都能迅速组织起力量进行抢险救灾以及灾后的清理等工作。村庄的主体性建设得以组织化推进。

（三）政治引领力转化为发展力

独龙江乡还将党组织和党员锻造成为本地经济发展的引领力量。在产业发展上，党组织的引领成为脱贫攻坚的一项制度，在集体经济发展和产业培育上，党组织都起到带头作用，每推出一项新的产业，先由党组织和党员做示范。作为当地龙头产业的草果种植，就是在老县长这样一个兢兢业业为独龙江的发展贡献一生的老党员的带领下不断探索出来的。"我家有党员，乡亲向我看"的"党员亮身份、履承诺、当先锋"活动成为常态，促进党员作用的发挥。

在草果种植发展规模最大的巴坡村，成立了专门的产业党支部。注重党员队伍的引领带动作用，开展"党员培养成致富能手，致富能手吸纳为党员"活动。全村培养了致富带头人11名，乡村能人4名，带领全村群众谋发展。同时还以党建引领集体经济发展。全村发展了5项集体经济，年收入达到6.6万元。四个党支部以自发组织建设的方式，建设党支部集体经济项目，各支部都实现了收益。致富带头人带动了28户112人，集体经济带动了112户416人。

孔当村围绕村级集体经济建设，打造孔当村"提升农村人居环境、扶持村级集体经济发展、提高农村公共服务水平、支持农村基层组织建设"的"四位一体"党建示范点。党总支按照"四位一体"工作要求，抓实抓强村级集体经济，让广大党员充分参与，带头引路，发挥作用，充分激活党员群众生产发展积极性，完成孔当村"四位一体"试点项目建设，通过开设孔当村村级集体经济超市、养鸡场等方式，确保了孔当村村级集体经济收益达到5万元，为脱贫出列提供了硬支撑。村"两委"班子有钱办事是增强基层党组织凝聚力、把党员群众吸引到党组织周围的基础性工作，也是增加村民收入、达成脱贫致富目标的重要牵引力量。

一名支部书记眼中的村庄党建

被访人:唐新,26 岁,马库村的一名党支部书记。

我父母都是党员。父亲当过兵,退伍后入党,母亲是在父亲的带领下入党的。从小父亲每天都跟我讲关于党的知识,告诉我现在的好生活都是党给我们的。我们现在和过去比,和住在缅甸的我们的亲戚比,都是天差地别。我去过缅甸,他们那边现在有些还是住茅草屋,路也是土路,啥都没有,那边连最基本的生活用品都要过我们这里来买,对比太鲜明了。以前我们这里的生活确实是不怎么好,但现在这边是越来越好了。我在县城读了 5 年书,但是一点都不想留在城里,我觉得我们这里比城里还好。我家从 2014 年在老县长的带领下开始种草果,现在有 40 多亩,还有育苗的基地。去年卖了 5 万多一点。今年如果是去年价格的话,可以卖个七八万块钱。

我是 2014 年入的党。我们家就我媳妇一个人还没入党,我希望她入党。我岳父也已经提交申请书了。

我们小组 98 个人,有 20 个党员,其中 60 岁以上的 3 个,40 岁到 50 岁之间的有 3 个,其他都是 40 岁以下的。今年递交申请书的有 3 个,预备党员有 2 个,积极分子有 3 个。年轻人入党的意愿很高,这几年交申请的都是年轻的。大家都知道是在党的领导下我们生活的各个方面才提高了,所以他们要跟党走。

我们支部的党员都很积极,布置什么任务都能够很顺利完成。每个月 5 号固定党总支学习。每周一三五,是各个支部的活动。支部的活动也比较丰富,党员再忙也要先放下手中的活来参加支部的

> 活动。
>
> 我们支部还用集体土地搞了10亩草果。卖草果的钱作为支部经费，也用一部分对困难党员和群众进行帮助。基地是全体党员一起管理，大家都很积极，还有10多个共青团员也会参加进来。
>
> 我包了7户。主要是监督他们的卫生，看看他们喝酒的情况，让他们少喝，邻里之间也会大家相互监督，现在大家逐步形成共识了，大部分年轻人都不喝酒，有些去打工，或者种自家的草果，都有事情干。每个星期升旗，全村70多户每家来一个人，升旗之后村书记、主任、驻村干部讲话，给大家讲别喝酒少喝酒，或者讲最近有什么政策，村里要搞什么活动。然后大家回家去的路上顺便看到什么垃圾，就把它清理了。作为党员的话，在卫生环境与其他工作上，首先要把自家先抓好，才能说服群众，发展产业要干好了群众才会跟着一起。我们村里的党员在老百姓心目中的评价都比较高，群众有事情第一个想到的是我们支部。①

三、党性与人民性的深化

2018年至今，当深度贫困地区还在脱贫攻坚战的最后冲刺中作战，党建扶贫工作也紧紧围绕决战任务而发挥主心骨作用时，同样处在三区三州区域内的独龙江乡早已步入摘帽后阶段，有近两年时间进行巩固脱贫成果、奠定乡村振兴全面基础的跟进工作。在其间，更深刻地反映出党建扶贫工作的

---

① 根据2020年10月12日访谈马库村独督组党支部书记唐新录音整理而成。

前期成效及逻辑延伸的时代特质,并历史与逻辑一贯性地彰显出独龙江乡脱贫攻坚成果的核心价值及潜藏其中的独特机理,而与社会主体化、人民主体化成长一起成长的党的建设,正在成为独龙江可持续发展的坚实基础。

(一)服务力转化为团结力凝聚力

2014年5月,为认真贯彻落实党的十八大和十八届三中全会精神,加强基层服务型党组织建设,中共中央办公厅印发了《关于加强基层服务型党组织建设的意见》。习近平总书记指出:"得民心者得天下,失民心者失天下,人民拥护和支持是党执政最牢固的根基。"[①] 要在强化服务中更好地发挥党组织的核心作用,在服务群众中使党的执政基础深深植根于人民群众之中。

在脱贫攻坚过程中,独龙江乡探索形成了"党员包户"这一基层党建的创新实践,并制定了工作方案,将党组织的服务能力发挥了出来。根据方案,全乡每个党员包3—10户,具体内容为:一是包政策和法律宣讲。党员要宣讲好习近平总书记和党中央对独龙族群众的关怀;讲好党的路线、方针、政策,讲好脱贫攻坚和乡村振兴的有关政策;做好法律法规宣传。二是包产业发展。党员要积极帮助农户谋划好产业发展,引导群众总结好产业发展的经验和做法,梳理好困难和问题;积极动员有条件的群众外出务工并做好跟踪服务;引导群众利用乡村旅游的机会,学习旅游接待和经营。三是包精神文明建设。党员要引导群众遵守村规民约,践行社会主义核心价值观,过文明健康的生活;要引导群众听党话、感党恩、跟党走;要"志智"双扶,监督群众做好家庭教育,组织有条件的群众参加技能培训。四是包环境卫生。党员要监督群众做好家庭卫生和社区卫生,力争创建环境卫生示范户;

---

① 习近平:《在党的群众路线教育实践活动总结大会上的讲话》,人民出版社2014年版,第27页。

要做好饮水安全，组织饮水设施的排查、修缮和管理。

由于独龙江乡的党员人数多、比例高，包户的工作比较容易落实。而且结合"每日一晒"等其他活动，党员包户的效果也在公共展示中得到比较，更激发了党员的责任意识。根据课题组的调查，各村党总支和党支部都扎实开展了这一活动并深受群众认可，取得了明显的成效。群众的精神面貌和村容村貌焕然一新，生活方式更加文明，发展能力进一步增强，村庄组织力和凝聚力大幅提升。在新冠疫情防控中，这一机制也发挥了积极作用。在防控新冠疫情中，独龙江乡党委积极探索符合独龙江实际且快速有效的宣传和引导方式，在孔当村试验推行党员联系群众包户防控疫情的举措，每名党员联系10户群众，从包宣传政策、包防疫引导两方面入手，全面了解联系农户的身体状况、有无外出、物资是否紧缺等情况。协助驻村工作队、村干部，做好村寨防控检查点、农户环境卫生等工作，严防死守，全力守护一方平安。

这样的党建实践具有重要的现实意义。一是进一步彰显了党员的示范带头作用，发挥出"一个党员一面旗帜"的作用，强化了党的政治引领力。抛弃了雨过地皮湿的党建扶贫，避免了停留于书面和口头学习的形式主义做法。二是夯实了基层党组织的堡垒作用，强化了党组织的服务力，成为村庄产业发展和社区治理的主导力量，党组织和党员成为群众的主心骨，进一步打牢了党的群众基础，筑牢了群众对党的认同意识。三是进一步锻炼了党员的党性和宗旨意识，将党为人民服务、为人民谋幸福的追求通过党员的一件件具体实事进行践行，增强了群众的获得感和幸福感。党的权威要从服务百姓需求做起，脚踏实地地为人民服务，也使党员和群众更加紧密地联系在一起，增强了政治正确的凝聚力，建构了村庄治理现代化的社会政治基础。

（二）组织力的再提升

习近平总书记在全国组织工作会议上强调，加强党的基层组织建设，关键是从严抓好落实。要以提升组织力为重点，突出政治功能，健全基层组织，优化组织设置，理顺隶属关系，创新活动方式，扩大基层党的组织覆盖和工作覆盖。党的十九大报告明确提出，要以提升组织力为重点，突出政治功能，把基层党组织建设成为坚强战斗堡垒。基层党组织是党在社会基层组织中的战斗堡垒，是党的全部工作和战斗力的基础。提升基层党组织组织力，使基层党支部的思路、目标清晰反映出来，党员的思想、力量有效凝聚起来，需要创新党组织的活动方式。

独龙江乡在党建活动中，创新出了周一开展在国旗下学理论，周三开展"幸福不忘共产党"感恩教育，周五开展"从火塘走向广场"实践活动的"一周三活动"。

每周一早上，每家都会派一个代表，来到活动室外的场地，参加升国旗。接着就是宣传政策和法律法规。主讲的村干部或者驻村干部根据当时当地的实际需要来讲解。如果村里出现了因饮酒发生的交通事故，就结合交通法规，告诉大家要遵守法律，不能酒后驾车。或者结合本村的产业发展需要，针对性地为群众讲解种植养殖方面的知识。如今国家对农民的政策补贴、惠民政策非常多，但是由于理解能力和信息渠道限制，一些群众并不清楚该如何具体运用这些政策，通过讲解，就能够对与自己相关的政策掌握清楚。在这一过程中，党员干部的作用就显得尤为重要，他们要熟知国家的大政方针，要有理解和阐释这些政策的能力，用一位驻村干部的话来说，就是要有把上级政策"嚼碎消化了再拿给群众"的能力。为此，独龙江乡2019年以来的一个大动作就是在全县范围内对村干部进行大调整，将年轻的、有知识、学习能力强的后备人才充实进村支两委的班子。升国旗活动在启动之初有一定的难度，村里的干部们就以爱心超市积分兑换物品来调动群众的积极性，接下来通过宣讲落到实处，并解决群众的实际问题，所以之后就很好地持续下去。

星期三是感恩教育。独龙江乡建立了完备的基层党建阵地，所有村民小组均有讲习所、党群活动室。依托这些阵地,独龙江乡在全乡开展"听党话、跟党走、感党恩"活动,把感恩教育贯穿始终,大力培养群众的感党恩意识。学习习近平总书记给独龙江乡群众的回信,观看习近平总书记接见贡山县干部群众代表时的讲话视频等,在全乡悬挂国旗、张贴习近平总书记和怒江少数民族群众在一起的画像,让群众牢固树立"只有共产党才有独龙江的今天、独龙族的今天"的意识,在全乡营造出爱国爱党的浓厚氛围。

> 我们在村里的农民讲习所给他们讲课,从来不拿什么稿子,就讲老百姓愿意听的,多半就是忆苦思甜,忆往昔展望未来,通过老百姓喜欢听的一些白话,通过交流让他们感受到2010年以来,特别是党的十八大以来的巨大变化。那些都是能够切身感受到的,你一讲他就懂了。通过感恩教育,就把国家对他们的要求,希望他们发展的一些方向转化为他们自身的行动自觉。①

星期五是"走出火塘到广场"。火塘是当地群众生活空间的重要组成部分,是做饭的地方、交流的场所,也是当地社会文化的象征性标识之一,按照当地人的习惯,家庭离不开火塘,火塘终年不能熄火,大房中的无数个小家,都拥有属于自己的火塘。②随着脱贫攻坚带来经济社会发展水平的大幅度提高,特别是居住格局的社区化变迁,独龙江乡群众需要从围坐火塘到社区公共生活的重新适应。为此,独龙江乡探索出了"走出火塘到广场"这一文化活动,在村党组织的带动下,群众到社区的广场唱歌跳舞,锻炼身体,许多群众从一开始不愿走出家门到如今每天都自发参加各种文化活动,精神面貌得到了极大提升。

---

① 根据2020年9月30日访谈贡山县文旅局干部刘超录音整理而成。
② 敏玲:《独龙族的"火塘"分居制》,《思想战线》1982年第1期。

"一周三活动"彰显出独龙江乡村级党组织的组织力。正是因为党组织的在场，弥补了群众在社会变迁后对组织的需求。党组织的活动扎根于社区，与群众紧密联系在一起，党组组成为人民的主心骨，党的组织力和社区的组织力得到同步提升。

（三）党性的升华

习近平总书记2015年12月11日在全国党校工作会议上指出："党性教育是共产党人修身养性的必修课，也是共产党人的'心学'。"[①] 独龙江乡深入学习贯彻习近平总书记回信重要指示精神，坚持把"建设好家乡，守护好边疆"作为头等工作来抓。全乡干部群众坚守"扎根边疆、一心为民"的誓言，共同捍卫祖国西南边境的安宁，维护国家主权和领土完整。"三个队两个一"建设经验由此而来。

"三个队两个一"为：党员志愿服务队、护村队、文体队；每日播放一次《新闻联播》，每周组织一次升旗仪式。党员志愿服务队开展志愿服务活动，打扫卫生、帮助孤寡困难群众、维护社会和谐。护村队由村干部和退伍军人组成，每周日坚持一次列队和战术训练，主要负责村内日常治安巡逻，调解邻里纠纷，维护邻里和谐，排查地质隐患，并对村内卫生进行监督，确保有客进村有人帮，邻里需求有人帮。文体队由村内文体爱好者体育队和文艺队组成，负责村内文化阵地建设，每日组织村民跳广场舞，每月进行一次"听党话、感党恩、跟党走"教育活动，每半年开展一次大型文体活动。

这一活动发源于独龙江乡马库村。党员志愿服务队由全村党员组成，不定时按群众需要和党组织的需要开展志愿服务活动。巴坡村的党员志愿者服务队分为四支服务队，分别开展政策法规宣传、就业服务宣传、环境卫生保护、扶贫助残等服务。志愿者在开展服务活动时，要佩戴党徽，时时处处注

---

① 习近平：《在全国党校工作会议上的讲话》，人民出版社2016年版，第17页。

意树立共产党员良好形象和志愿者社会形象。党员志愿服务队成立以来，围绕着政策宣传、服务发展、环境保洁、固边守边、安全生产等服务内容，开展了多项解民忧、聚民心的活动。

> 我曾经在马库村驻村。他们的党员志愿服务队做得很不错。比如下雨路上有滚石什么的，一通知，党员基本上都上去了，大家扛棍子，一边撬一边走，把路面恢复好。如有游客进来以后遇到塌方，他们也会及时出救。让我感触最深的一次是有200立方米左右的塌方，整个路基都没有了，当时又正值草果的收获季节，志愿服务队修了两天一夜，开拓了一条便道，帮助村民背草果，还帮他们卖出去。有一次，建设好的集体经济项目被水冲了，党员自愿去搞服务，一些群众也来了，一下子来了100多人，这么多人的吃饭是个问题，于是大家就商量好了分批次来。在党员的带动下，小村子的村民像石榴籽一样粘在一起。他们那种团结跟干劲，让我非常感动。[①]

护村队由村干部和退伍军人组成，每周日坚持一次队列和战术训练，主要负责村内日常治安巡逻，调解邻里纠纷、维护邻里和谐，排查地质灾害隐患，并对村内环境卫生进行监督、保洁，确保游客进村有人帮，邻里需求有人助。协助公安机关，做好"四防"相关工作，预防和制止各类违法犯罪活动，追捕、查缉各类违法犯罪嫌疑人员，做好重大刑事、治安案件和治安灾害事故的现场保护和伤员救治工作，并迅速报告有关情况。协助公安机关妥善处理群众的各类求助，保护公私财产和人民群众的人身安全免受侵害，加强对群众安全防范知识的宣传教育。由于紧邻国界，护村队要配合警务室做好边境线巡逻工作，为缅甸籍学生、入境人员、外来旅游人员提供安全服

---

① 根据2020年9月29日访谈贡山县组织部干部韩文玉录音整理而成。

务，维护了边疆和谐稳定和社会安全。

文体队由村内文体爱好者体育队和文艺队组成，负责村内文化阵地建设，每日组织村民跳广场舞，每月进行一次"听党话、感党恩、跟党走"教育活动，每半年开展一次大型文体活动。文体队文艺小组成员、民间艺人江良，结合脱贫攻坚工作实际，创作了一批反映独龙江风土人情的文艺作品，如《太阳照在独龙江》《独龙人民跟党走》《草果之歌》等，展现了独龙江人民群众在党的脱贫攻坚政策的正确指引下，物质文明建设和精神文明建设齐头并进、同步发展，和全国各族人民同步迈向全面实现小康的康庄大道。

利用村内"小广场大喇叭"，每日播放一次《新闻联播》或《新闻和报纸摘要》，宣传党的路线方针政策，把党和政府的声音传播到边疆山寨；每周举行一次升旗仪式，组织全体驻村工作队、实战队、党员志愿服务队、护村队、文体队、村干部和马库小学全体师生、返乡初中以上学生参加，党员轮流以"微党课"的形式宣讲党中央最新政策精神和脱贫攻坚工作路线方针政策。

在此过程中，发挥了党员的服务意识，提高了党员的整体素质，增强党性锻炼，增强基层党组织的凝聚力和向心力，树立党在人民群众中的光辉形象，更好地发挥共产党员的先锋模范作用，为辖区内居民群众排忧解难，拓宽了基层党组织的活动内容和方式。

独龙江乡基层党建的不断探索创新，有力地推动了党组织的建设，使党组织的堡垒作用和引领作用得到很好的发挥。因此，这些经验很快被上级单位认可，并在更大范围内推广。中共怒江州委办公室怒江州人民政府办公室印发《独龙江乡"巩固脱贫成效、实施乡村振兴"行动方案》指出，要深入开展"感恩共产党，感谢总书记"教育，户户升挂国旗，持续开展"升国旗、唱国歌""三个队两个一""讲文明树新风""小广场大喇叭""走出火塘到广场"等活动。

（四）感党恩的独龙江人

几十年来，党中央和各级党委政府对独龙江人和独龙江乡的高度关注和着力扶持，一代又一代共产党人的奋斗，以及独龙江乡持续推进党的建设，使党深深地扎根于独龙江社会，成为独龙江经济社会发展的主心骨，也深深地扎根于每一个独龙江人的心中。特别是脱贫攻坚以来，独龙江乡一跃千年的质变带来的震撼，独龙江人从内心深处爱党感恩。今天走在独龙江乡，听群众最常说的话就是对党的感恩，在社区里，最显眼的标语就是"感恩党中央，感谢总书记"。今天，独龙江人通过切身的感受，明白幸福的生活是在党的领导下自己创造出来的。

> 独龙江乡的脱贫和发展归根结底是我们党的宗旨——全心全意为人民服务的践行，是在奔向小康的道路上一个民族都不能少的承诺的践行。如果没有党中央和省委对边疆少数民族如此大力度的重视，独龙江绝对不会有今天。在独龙江发展过程中，无数党员干部、支边干部坚持了艰苦奋斗的工作作风，党员干部把我党的艰苦奋斗、不怕困难、不怕牺牲的精神传承下来，一代感染一代，一代影响一代。人家一般讲苦干实干加油干，在独龙江，我们讲苦干实干亲自干。因为我们是直过地区，社会发育程度较低，干部能力水平有限，群众思路、方法单一，所以党员干部要亲自干，带着干、教着干、推着干，干部要有情怀、有血性、有担当。独龙江乡今天的发展成就首先彰显出了我们党的初心和宗旨，像老县长这样的党员干部用一辈子的时间去践行宗旨，心怀老百姓，成为独龙江群众最信赖的人。[①]

---

① 根据 2020 年 10 月 12 日访谈怒江州独龙江乡工作队副队长高松录音整理而成。

独龙江乡巴坡村拉旺夺小组高礼生,通过改编独龙族传统"门祖"唱法,自己作词作曲,创作感党恩的主题歌曲《幸福不忘共产党》:"公路通到独龙江,公路弯弯绕雪山,汽车进来喜洋洋,独龙人民笑开颜。啊哟啦哟……哟哟哟……党的政策就是好,幸福不忘共产党……"自创作以来,这首通俗易懂、朗朗上口的歌曲被不断传唱,已成为全乡自主传唱度最高的歌曲。歌曲不仅表达了对共产党的感恩,也传递出一份对故乡的热爱和对未来更加美好生活的期许。基于对党的由衷的感恩,他主动提出入党申请,并成为这个伟大组织的光荣一员。

在迪政当村76岁纹面女李文仕新房里,墙上挂着习近平总书记亲切接见贡山县干部群众代表的大幅照片。一间年代久远的老木板房,被李文仕特意留了下来。她说:"我想让后代子孙看一看,我们曾过的贫困日子,让他们知道共产党是如何一点点把独龙人民从困苦中帮扶出来,让他们永远感谢共产党,永远跟着共产党走。"

> 我们的祖先们过的是什么生活?现在我们过的是什么生活?我们过的是他们想都想不到的生活。但是这个幸福的生活不是天上掉下来的,是党给我们的,所以我们要珍惜好这个年代,要热爱自己的党,热爱自己的祖国。①

独龙江乡脱贫攻坚的一个重要成果,就是我们边疆少数民族群众感恩共产党、感谢总书记的思想更加筑牢,中华民族共同体意识更加筑牢。老百姓发自内心地感恩共产党,感谢总书记。他们都知道,没有共产党,没有总书记的关心,就不可能有这么好的日子。通过脱贫攻坚,中国共产党在老百姓的心目当中更加伟大。②

---

① 根据2020年10月10日访谈独龙族老党员、老县长高德荣录音整理而成。
② 根据2020年10月15日访谈时任怒江州州委书记纳云德录音整理而成。

独龙江人对党、对国家的高度认同，正是由于通过扎根的党建，将党组织、党员与群众紧密联系在一起，将党的活动与群众的生活联系在一起，使党的活动有了牢固的群众基础，党群关系、干群关系得到极大巩固和发展，群众通过生活中的具体形象切实感受到党的伟大，从而使对党的感恩扎根于他们的心中。

第三章　开放式社区建设

独龙江乡位于滇西北横断山脉腹地，高黎贡山西坡，担当力卡山东侧，"两山夹一江"，独龙江河流从两山之间激流而过，地形起伏、河网纵横，十分封闭窒塞。千百年来，独龙江人民在此生活，每年有半年大雪封路、与世隔绝，外援性扶贫力量难以到达，同时由于居住条件落后、居住空间分散，社会组织发育程度较低，内生性发展动力不足，社会经济发展受到严重制约。党的十八大以来，独龙江乡脱贫攻坚行动以交通基础设施、安居温饱工程建设为突破口，破解独龙江乡的"孤岛贫困"，提升独龙江乡的交通可达性和社区凝聚力，在打通外部市场和信息封闭状态的同时，提升群众社区生活质量，激发群众内在发展动力，为独龙族实现整族脱贫奠定了坚实的基础。

一、持续推进独龙江乡的开放进程

在独龙江乡脱贫攻坚战中，交通与通信设施建设工程，成为破解空间封锁、连通市场和社会政治中心的重要战略选择，在老县长高德荣看来，"路是梦的起始，梦是路的延伸"，这个梦当然是独龙江千百年来的脱贫梦。

（一）独龙江乡早期交通和通信条件

1949年前，独龙江未设置驿站，更未建设公路。当时，独龙江乡与外部沟通的步道主要是三个方向。一是独龙江——贡山县城。这条通道从巴坡村出发，自西向东翻越高黎贡山，最高处海拔3700米左右，用时7—8天。二是独龙江——西藏。这条通道，从独龙江乡迪政当村向北出发，徒步约3天时间到达西藏察瓦龙乡。这两条通道只能在每年6—10月通行，沿途悬崖峭壁、荒无人烟、坡陡险隘。三是独龙江——缅甸葡萄。从独龙江乡最南边村落马库村向南，徒步2天进入缅甸，是中缅边民互通的主要通道，不受自然条件影响，终年畅通。

在这三条通道上，独龙江群众遇陡壁悬崖阻挡，只能架天梯、栈道通过；遇江、河阻险则架溜索渡过。(1)天梯、栈道。当时的天梯用一根独木，砍几道坎子后，脚踩坎子而上；有的用两根木头捆绑成一级级的梯子，攀援而上，面朝山、背朝地，危险系数不言而喻；栈道是用木头或龙竹二至三根合并，在江边或陡崖边缘临空横铺，用篾片或藤条捆紧，再用树干枝或竹篾制成护栏。(2)溜索及溜渡工具。溜索用篾片拧成一根鸡蛋粗的篾索，或三根拧在一起，溜渡分平溜、陡溜两种，前者两头稍高，中间倾凹，来往均可通过，但较费力，后者从高的一岸往低的一岸滑，省力，速度快，雨天则容易撞伤，单向。[1]

新中国成立前，独龙江乡无电讯通信设备，以面对面的在场沟通为主，没有文字，识汉字者寥寥无几，信息记录或传递基本采用结绳或木刻，极为落后。

---

[1] 王玉球：《独龙江地区交通考察和建设研究》，载何大明主编：《高山峡谷人地复合系统的演进——独龙族近期社会、经济和环境的综合调查及协调发展研究》，云南民族出版社1995年版，第178—179页。

（二）独龙江乡交通和通信的发展

新中国成立后，党和政府通过财政补贴、实物救济等途径保障独龙江乡贫困群众最低程度的生活水准，并初步实施交通基础设施和通信工程建设，过去独龙江乡交通闭塞和信息隔绝的状况获得一定程度的改善。

1. 溜索改藤桥、铁溜索

藤桥用四根绳索横跨江面，两根平行在上，两根平行在下，并用铁丝连接，上铺木板。相比以前，铁溜索则是将木溜梆改为了滚珠铁滑轮，更为省力。2000年，在独龙江及分支河流上面，共架设了钢溜索道（包括钢索便桥）23道、37根，总长3020米。[①]

2. 人马驿道成功建成

1963年2月，国家投入20万元，由贡山县成立修路委员会，采用"军民结合""民工建设"办法，抽调120人的加强连及四个区的群众420人，人工开挖驿道。历时9个月，花费劳力24万个，于1964年建成贡山县到独龙江乡巴坡村的65公里人马驿道。马帮托运兴起，沿途设立了东西两个哨房，供来往人马宿营，并成立独龙江驿道护路队，年运送物资从30万斤提升到110多万斤。[②]

[①] 参考黑智（述）、彭义良（整理）：《独龙江的第一条人马驿道》，载政协怒江州委员会文史资料委员会编：《独龙族》（云南省怒江州民族文史资料丛书），德宏民族出版社1999年版，第228—232页。王玉球：《独龙江地区交通考察和建设研究》，载何大明主编：《高山峡谷人地复合系统的演进——独龙族近期社会、经济和环境的综合调查及协调发展研究》，云南民族出版社1995年版，第178—179页。

[②] 参考黑智（述）、彭义良（整理）：《独龙江的第一条人马驿道》，载政协怒江州委员会文史资料委员会编：《独龙族》（云南省怒江州民族文史资料丛书），德宏民族出版社1999年版，第228—232页。王玉球：《独龙江地区交通考察和建设研究》，载何大明主编：《高山峡谷人地复合系统的演进——独龙族近期社会、经济和环境的综合调查及协调发展研究》，云南民族出版社1995年版，第178—179页。

1984年底，为了方便中缅边民的交往和扩大边界贸易，贡山县交通局修路队和县农机厂组成一支工程队伍，苦战5个多月，建成了独龙江乡马库村到中缅边界41号界桩的人马驿道。①

3. 跨江钢索吊桥建设

1964—1965年，贡山县抽调了各村寨30名年轻力壮的独龙江青年，投资近5万元，建成了与人马驿道相连的怒江上的钢索人马吊桥——幸福桥，这是贡山县有史以来的第一座大桥。此后，又修建了独龙江上的第一座钢索吊桥——红星桥，该桥选址在巴坡村与孟当村之间，全长68米，该桥的修建改变了独龙江上只有溜索或木桥过江的历史。1966年，独龙江上第二座长约52米的钢索吊桥——吉木斗桥建成；1981年改建红星桥，从而人马能够通行独龙江；1989年，国家又投资修建了独龙江上的孔目钢索吊桥。至此，独龙江上共拥有3座总长190米的钢索吊桥，同时在独龙江4条分支河流上，还建成了全长295米的4座钢索吊桥和1座石拱桥。②

4. 独龙江简易公路建成通车

20世纪90年代，国家对独龙江的交通援助进入新阶段。1990年，在了解到独龙江群众因交通闭塞而陷入贫穷后，国家有关部门便设立专项扶贫项目，投资修建独龙江公路，这标志着独龙江的现代交通建设正式进入国家视野。1992年10月，云南省有关领导实地老实认证了修建贡山县城到独龙江

---

① 参考余尚文（述）、彭义良（整理）：《回顾独龙江畔的交通建设》，载政协怒江州委员会文史资料委员会编：《独龙族》（云南省怒江州民族文史资料丛书），德宏民族出版社1999年版，第236页。

② 参考余尚文（述）、彭义良（整理）：《回顾独龙江畔的交通建设》，载政协怒江州委员会文史资料委员会编：《独龙族》（云南省怒江州民族文史资料丛书），德宏民族出版社1999年版。

乡的简易公路的可能性，并认为这是关系到当地社会发展的首要问题。①

此后，对独龙江公路建设的技术、经济与政治论证得到陆续推进，云南省上下把独龙江公路提高到"政治路与扶贫路，非修不可"的地位，在国家层面达成统一意志。1995年11月，筑路大军挺进高黎贡山，正式拉开独龙江公路修建的帷幕。1999年9月9日，国家投资1亿多元、全长96公里的独龙江简易公路建成通车，虽然公路隧道依然在海拔3000米的"雪线"以上，独龙江群众仍面临大雪半年封山的难题，但独龙江乡第一次有了现代公路。在中国现代交通建设史上，极少有农村公路像独龙江公路这样，受到党和国家自上而下的持续关注。独龙江公路建成，使当地百姓彻底告别了"人背马驮"的历史。

5. 现代数字通信奠基

独龙江乡利用电信设备传递信息，始于20世纪50年代。1958年，云南省邮电局派了4位报务员，带着两部电台从瓦窑徒步走到贡山县丹打和独龙江两地，设立无线电通信，并架通了县城丹打到独龙江的电话线路。1969年，在贡山县邮电局的筹备和组织下，除了迪政当村以外，其余5个行政村都通了手摇电话。到20世纪80年代，独龙江乡邮电所有接发报机2台、职工9人。昔日全凭木刻、结绳记事传达信息的方式彻底被现代通信方式所取代，6个行政村架通了电话线路，各村之间事务联系均可用电话通知。

1987年，独龙江乡政府所在地巴坡，安装了全乡第一台太阳能发电机和第一个电视地面卫星接收站，独龙江群众第一次能够通过电视了解外面的世界，彻底打破了世世代代信息闭塞的局面。2004年，中国移动独龙江基站建成开通，结束了独龙江没有现代移动通信的历史，跨入数字通信

---

① 何大明主编：《高山峡谷人地复合系统的演进——独龙族近期社会、经济和环境的综合调查及协调发展研究》，云南人民出版社1995年版，前言第1—2页。

时代。此后不少干部、群众开始用上了手机，信息沟通和传递正式进入新阶段。

（三）脱贫攻坚提升交通和通信水平

1.超常规举措打破独龙江乡的空间封锁

针对独龙江乡区域性贫困、独龙族整族深度贫困的特殊困难和问题，云南省打破了以往省州部署、县乡落实的惯例，2010年，由云南省委省政府牵头成立独龙江帮扶工作领导小组，在省级层面编制帮扶方案，由32个省级部门承担项目资金落实，汇聚上海市帮扶资金和人才力量，对当地实行同等的扶贫支持标准，同步推进项目建设，在全国开启以建制乡和民族整体进行综合扶贫（整乡推进、整族帮扶）的新模式。

在各级党委、政府的关心支持下，贡山县委、县政府，坚持把破解交通发展瓶颈作为脱贫攻坚标志性、支撑性的工作，深入实施"交通先行战略"，以"路通"带动"产业通、思想通"，坚定把农村公路作为全县群众的"致富路、民心路、幸福路"来建设，独龙江交通改造提升工程成为省委、省政府帮扶独龙江乡的控制性工程，也是贯彻落实党中央、国务院关于彻底解决独龙族行路难问题重要批示的民心工程。

2010年，怒江州交通局、发改委、团州委共同筹资5.63亿元，用于独龙江乡公路的改造，并在全州抽调工作人员组建帮扶工作队进驻独龙江。2014年，项目总投资7.8亿元，由省公路局组织实施的贡独公路（隧道）改建工程，在克服岩瀑、涌水、塌方甚至雪崩等诸多不利因素后实现贯通。从贡山县城到独龙江乡车程缩短为3个小时，独龙江群众彻底告别半年大雪封山的历史。同年，铺筑县乡、农村公路柏油路面132公里，独龙江乡首次实现了行政村通柏油路、村组通公路，并建设完成11座人马跨江吊桥、1个三级客运站。

2. 脱贫攻坚行动补短板、强基础

2015年，贡山县确立了独龙江乡于2018年底实现"脱贫摘帽"的精准扶贫目标，主要针对提升扶贫的内生性和靶向性，怒江州、贡山县共同编制完成了《贡山县独龙江乡整乡推进独龙族整族帮扶后续发展规划（2015—2020）》《贡山县独龙江脱贫摘帽攻坚方案》等，涵盖安居温饱巩固、基础设施完善等六大项目后期工程，估算投资92930万元，按照脱贫标准，所有建档立卡户实现"两不愁三保障"和"八有一超一受益"，有序推进独龙江乡的脱贫摘帽。

在该阶段的交通工程建设中，独龙江乡启动交通基础设施提升行动，对标"八有"之"有路通自然村"的脱贫要求，"补短板、强基础"。截至2018年，独龙江交通防护栏措施基本健全，全乡铺设柏油路面和水泥路增加到150公里，桥梁建设完成46座（其中跨江桥19座），公路等级从无等级砂石路提升为三级柏油路，全乡6个行政村28个自然村（集中居住点）全部实现通车。独龙江乡交通线路"丁字型"分布在"两山两江"之间。

2018年底，独龙江实现脱贫后，怒江州和贡山县两级启动独龙江乡"巩固脱贫成效、实施乡村振兴"行动，独龙江乡以发展旅游为目的，围绕国家4A级景区创建、5A级景区升级，进一步推进旅游交通设施建设，巩固脱贫成果。2020年，在建、拟建重点交通设施包括：（1）实施95.44公里的迪马农村公路绿化工程，全部使用本土植物，加挂标识牌，将其打造成独龙江生物多样性展示区和植物科普路；（2）80公里贡独公路优化提升；（3）巴坡到县城、麻必洛河到丙中洛的旅游步道建设。此外，独龙江乡从北连通西藏、从南连通缅甸通往印度的大交通格局的可行性仍在讨论中，独龙江现代交通网络建设，可谓任重道远。

3."乡道省管""村道县管"的养护制度

由于独龙江乡交通要道沿线泥石流灾害频发,养护资金压力大、技术难度不一,独龙江乡交通设施维护执行"乡道省管""村道县管"。

贡独公路的养护工作由省公路局负责。2016年,成立"两所一站":普拉底乡公路养护所,主要负责隧道以北40余公里的养护;独龙江乡公路养护所,负责隧道以南30余公里(即贡独公路163到196路段)的养护;计划站负责管理、提供养护机械。独龙江乡公路养护所职工10人,平均每人负责3公里路段的养护,月工资6000元左右。主要工作职责:(1)日常养护,清理危石、除草剪枝,完善水沟、水渠,路面防滑、桥梁涵洞问题处理等;(2)修复养护,功能性、结构性修复工作,如桥梁涵洞加固、增设修复支挡结构物、路面标志线调整等;(3)应急养护,自然灾害或突发事件下公路抢通、保通、抢修等。

"爱公路就要像爱自己的家"

据独龙江乡公路养护所所长龙建平介绍,所里的10个职工,都是独龙族,年龄最大34岁,最小25岁,学历最低为高中,大部分为大中专学历,均通过公开招考择优录取,听说当时还是老县长高德荣去要回来的10个脱贫岗位。公路养护所设所长、副所长、安全员、记录员、驾驶员、工会小组长等职务,分工不同,具体负责路段从1.8公里到3公里不等。养护所现有1幢4层综合办公楼、1幢2层职工宿舍,1辆养护车、1辆老旧皮卡车,2台作业机械,装载机则需要向计划站申请调配。

由于贡独公路沿线生态十分脆弱,雨季漫长(约6个月),泥

> 石流灾害频发，3 万立方以上塌方月平均就有 3.5 次，小的更多，抢修、保通难度大，公路养护任务重。目前，所里主要依靠人工作业，效率较低，难以满足养护需求。实际上，所里职工已经积极参加了挖机、装载机、拖车等操作证书的考试，如果能够配备相关机械，贡独公路的修复养护、应急养护工作就能上一个台阶，从而更加有效、快速、及时地应对各种突发状况。

迪马公路、村组公路由贡山县负责养护。为了打造"畅、安、舒、美"的"四好农村公路"，贡山县于 2019 年实施护路员制度，采取个人分段承包养护、多人共同承包养护等模式，实行定期集中多人养护、不定期随时个人养护、定期与不定期相结合养护等多种工作运行机制。全县纳入养护农村公路 648.33 公里，按照人均管养任务定额 3 公里，共计选聘 216 名护路员，其中独龙江乡农村公路 125.31 公里，选聘 42 名护路员。独龙江乡护路员每养护 1 公里补助 100 元，且由生态护林员兼任，后者每月补助 800 元，故村道护路员兼护林员每月劳务补助共计 1100 元。

4. 独龙江乡"交通+"的具体成效

"交通+政治"。过去领导想要接见独龙江群众，或者来独龙江乡调研，受限于大雪封山[①]，干部出不去、领导进不来；也曾因此，怒江州的人大代表会议都要提前召开。如今，独龙江乡的党代表能够在 11 月下旬到达北京，参加党的全国代表大会。2014 年，习近平总书记就独龙江乡高黎贡山隧道即将贯通还作了重要批示："获悉高黎贡山独龙江公路隧道即将贯通，十分

---

① 贡独公路隧道贯通以前，每年 11 月到次年 5 月，大雪封山，独龙江乡进出道路封闭。

高兴,谨向独龙族的乡亲们表示祝贺!"① 独龙江乡更加靠近北京,中华民族56个民族共同体的命运更加休戚相关,"中华民族一家亲,同心共筑中国梦"。

"交通+市场"。独龙江乡现代交通建立后,运输时间、运送成本下降,促进了农特产品销售市场的拓展,独龙江乡的草果、重楼、独龙牛等直接从贡山进入大理、保山等地市场,通村、通组公路的建成也彻底打通了农村与城市的内循环,缩短了城乡差距。此外,云南"大滇西旅游环线"因为有了独龙江而更具魅力,"中国西南最后的秘境独龙江"在游客市场中极具吸引力,交通的可达性及交通沿线本身的消费,增加了进入独龙江的游客数量,如今独龙江景区每天限流200人,无疑更是调动了游客的好奇心。

5. 独龙江乡通信提升与信息开放

2010年,投资250万元,由中国移动怒江分公司负责实施独龙江乡移动基站载频扩容;投资300万元,由中国电信怒江公司、中国移动怒江公司、中国联通怒江公司,负责架设宽带及移动网络;投资400万元,由中国电信怒江公司牵头,中国移动怒江公司、中国联通怒江公司、州广电网络公司协作,共同负责架设移动通信广播电视光缆80公里。同时,电力配套设施同步跟进,由怒江州投资3176万元,州能源局负责落实,新建10千伏输电线路120公里、400伏低压线路80公里,配变压器31台,并落实一户一表690户,新建50千瓦微型电站4座。

2014年,独龙江乡至县城的通信光缆架设完成,程控电话、宽带网络开通,移动通信网络覆盖6个行政村。至此,所有村民聚居区实现了通电、

---

① 《习近平总书记就云南省贡山县独龙江乡高黎贡山独龙江公路隧道即将贯通作出重要批示》,《人民日报》2014年1月4日。

通电话、通广播电视、通移动网络，村委会、学校通宽带网络，独龙江乡与世界实现"零距离"信息沟通。升级改造2座电站，全乡装机容量达1600千瓦，建成全国首个20千伏乡镇独立电网，独龙江群众彻底告别照明点"火把"的生活。

2015—2020年期间，独龙江35千伏项目获国家林业草原局批复，在通信网路方面，完成了互联网+智慧能源示范项目暨独龙江乡配网自动化完善工程，10GE基站设备安装、10GE宽带升级，实现了群众居住沿线网络信号全覆盖，并率先进行了移动5G网络调试开通。至此，除了物理交通的连通，独龙江乡在信息网络方面也与全球社会同步接轨，全乡开放的基础进一步夯实。

(1) 不断探索"互联网+"模式。独龙江乡通网后，"互联网+电商"不断推进，农村电子商务和快递业务发展起来，草果、重楼、独龙毯、蜂蜜等特色优质产品能够通过互联网销售出去，村民们也可以在网上以更加实惠的价格购买商品。"互联网+政务"逐渐推广，如今村民足不出户，在村里就能办理部分事务。"互联网+医疗"也有应用，某些病要做手术，可以通过乡卫生院连线省城专家进行专家诊治。"互联网+教育"，在疫情期间，独龙江乡的孩子们通过网络与北京的孩子一起上网络课程。"互联网+旅游"，独龙江乡村民或发布旅游信息或成为直播网红，互联网成为重要的营销渠道。当然，独龙江乡"互联网+"需要向深度融合转型，使现代信息革命的成果真正惠及乡村。

(2) 微信平台与村庄治理。现代沟通方式的转变，也在重新塑造乡村治理的方式方法。独龙江乡"每日一晒"活动能够有效推行，重要原因之一便是利用"独龙江党员包户责任制""村委班子工作联席群""独龙江人居环境整治群"等微信群平台，动员村民整理内务、打扫卫生，鼓励村民晒出劳动成果，在各种点赞、回复、点评等网络话语互动实践中，提升干群关系，并促使村庄环境卫生转化为村民的自觉行动。此外，自下而上的村民参与也发展起来,如独龙江乡旅游经营人员自发建立"独龙江乡农家乐"微信群,在微信群中发布或商定菜品质量、菜品定价、游客接待、游客转接等事务,自觉维护、维持全乡旅游接待秩序,形成农家乐经营户之间的良性竞争,缩短游客等待时间,显著提升满意度。微信公众号"独龙江乡人民政府",更成为独龙江乡向外界展示的重要窗口。

二、集中安居提升群众社区生活质量

交通与通信建设加强了独龙江乡与外部世界的连通,6个行政村也得以联结起来,信息传递更加快捷、方便,内部沟通更加频繁,社会联系更加紧密,与世界的距离进一步缩短,以开放的姿态逐渐呈现在人面前。同时,独龙江乡国土面积广,群众居住十分分散,部分村落仍然受困在崇山峻岭之间,居住条件差,茅草房、树杈房安全系数低,村庄发展仍面临困难。因此,脱贫攻坚期间的另外一项重要任务便是实施"安居工程",让独龙江人民搬到独龙江畔集中居住,过上现代社区生活。

(一)早期居住条件与社会结构

历史上,由于地理环境的封闭,与外界交往困难,少有外界力量进入干预独龙江内部的发展进程,偶有的外界联系,也是一部弱肉强食、备受欺凌与剥削的历史,并且,内部也缺乏变革的源动力,使得当地社会发展长期停滞不前,住房条件长期未有根本变化,社会结构也相对简单。

1. 简陋的住房、分散的村庄

历史上,独龙江百姓"披树叶为衣,无屋宇、居山岩中"[①],"其居处结

---

① 清雍正《云南通志》卷二十四。

草为庐，或以树叶复之……更有居山岩中者，衣木叶"①，"房屋构以竹木、上复茅草，形式与野人同"②，直到20世纪50年代，仍有居住在岩洞中者。新中国成立后，当地群众居住条件有所改善，独龙江上游地区的村寨受藏族房屋建筑影响，多是木垒房建筑，下游则以竹篾房为主。木垒房是"井干式"建筑，用木料或木板层层交叉叠垒而成，很像水井上的木栏，房屋较坚固不易歪倒。竹篾房是"干栏式"建筑，用木料和竹子搭建而成的楼房，四周墙壁和地板均用竹篾围起和铺垫。木垒房和竹篾房，大的建筑面积约60平方米，小的约二三十平方米，到20世纪末，小型的房屋成为当地主要建筑形式。③

当地村庄分布十分分散，"此带地广人稀，恒三五十里始得一村，每村居民多至七八户、少或二三户不等，每户相距又或七八里十余里不等"④。如果要通知开会，村干部在本村转一圈下来估计也要五六天。以前，当地社会主要以氏族或家族为单位，分散居住在独龙江峡谷两岸，人口集中的村落也只有10—15户人家，有的村寨零散分布在坡度为60度左右的半山腰上，没有公共设施。由于河谷地带耕地有限，人们不得不到海拔更高的山林中开垦火山地和寻找猎物。这种生计方式使得没有一个氏族聚居在某个固定的区域，这种流动性直到新中国成立后才有所改变。

1990年左右，独龙江97%以上的人口仍分布在高山峡谷中，因地形起伏多变、通行困难、地广人稀，当地没有形成大的村庄聚落。⑤ 实际上，在

---

① 清道光《云南通志》卷一百八十五。
② 《永昌府文征摘抄》，载中国科学院民族研究所云南民族调查组、云南省民族研究所民族研究室合编：《云南省独龙族历史资料汇编》，1964年，第2页。
③ 《独龙族简史》修订本编写组：《独龙族简史》，民族出版社2008年版，第144页。
④ 《永昌府文征摘抄》，载中国科学院民族研究所云南民族调查组、云南省民族研究所民族研究室合编：《云南省独龙族历史资料汇编》，1964年，第2页。
⑤ 何大明主编：《高山峡谷人地复合系统的演进——独龙族近期社会、经济和环境的综合调查及协调发展研究》，云南民族出版社1996年版，第16页。

移民安居工程实施以前,独龙江乡村庄的空间分布都没有太大的变化。例如,在我们调查的迪政当村雄当小组,其2010年以前村落分布状况。如附图六所示:西北角德安寺附近有2户人家,距如今的雄当安置点约15公里,南代小组8户大多在半山腰上,斯孔小组8户,斯当小组2户;东北角木当小组有15户人家,居住在半山腰或山顶上,距雄当安置点有10余公里,普尔小组约13户,大多也在山腰里面。如果从雄当安置点到迪政当行政村,车程约20余分钟,而从迪政当村到独龙江乡政府所在地,则有42公里,现行交通条件下行车约2个小时。

2. 社会组织与村庄凝聚力

氏族组织。据20世纪50年代的调查资料,当时的独龙江社会还没有明显的阶层分化,独龙江两岸的人群根据不同的传统和血亲关系划分为15个父系氏族。独龙江社会那时正处于父系氏族公社的解体时期,氏族的存在,只是作为一种各兄弟家族所公认的祖先象征物存在于人们的记忆中,同一个氏族没有明确的边界,对其成员也缺乏有效的政治、经济约束力。①

家庭公社。在氏族成员不断分裂、迁移的过程中,产生了家族公社。相较于氏族组织,家族公社有了明确的地域边界,每个家族公社设立1位家族长即"头人",独龙语为"噶桑"(能说会道之意),一般由能说会道、办事公正的年长男子担任,对外缴纳贡税、调解家族之间的纠纷,对内则主要协调各家庭之前的关系、领导共耕地的生产。② 由于村庄的空间分散,家族公社的规模并不大,其能够形成的社会组织力非常有限,尤其是维西建厅府以来,铁刀、铁斧的传入使得建立在共耕地基础上的家族公社逐步瓦解,个体

---

① 杨将领:《独龙族的社会组织和社会形态》,载政协怒江州委员会文史资料委员会编:《独龙族》(云南省怒江州民族文史资料丛书),德宏民族出版社1999年版,第24—25页。
② 杨将领:《独龙族的社会组织和社会形态》,载政协怒江州委员会文史资料委员会编:《独龙族》(云南省怒江州民族文史资料丛书),德宏民族出版社1999年版,第24—25页。

家庭逐渐占有私人土地,而在与外来力量的碰撞中,土司统治者的强制征税进一步加速了家族公社的解体。在新中国成立前,家族公社已经名存实亡,家庭成为独龙江社会生产和消费的基本单位。①

家庭。在独龙江社会中,婚姻实行一夫一妻制,几代人几对夫妻同住的大家庭已很少见,多子之家的儿子婚后须火塘分居,一个火塘即一个经济单位(小家庭),多火塘之家可以组成伙耕关系,所得归己,并可随时另立新家。新中国成立后,独龙江乡成立了党支部和政府组织,社会主义的集体劳动成为独龙江社会生产的主要方式。改革开放后,独龙江乡进行了家庭联产承包责任制度改革,家庭再一次成为社会生产和消费的基本单位,此时,以血缘、姻亲为主的社会联结方式,与因地缘关系形成的社会纽带——各个家庭因同在一个空间居住形成的邻里团结——并存,亲缘互助、邻里互助成为独龙江村庄团结的主要力量。

(二)因地制宜与村居建设

1. 因地制宜、苦干落实

2010—2014年,怒江州整合各部门资金约16526万元,派遣州帮扶工作队进驻独龙江乡,每个村平均3名队员,在立足保持传统民居特色基础上,"苦干实干亲自干",就近、就地建设完成26个移民安置点、涉及1015户安居房建设(其中旅游型安居房323户),整村推进村落达24个。

在建设工作中,贡山县成立了独龙江乡整乡推进独龙族整族帮扶综合发展工作领导小组,领导小组下设前方指挥部、办公室、项目统筹组、宣传组、监督组,实行领导干部挂钩联系制度,县处级领导联村包组,乡级领导

---

① 蒋劲夫、罗波:《独龙江文化史纲:俅人及其邻族的社会变迁研究》,中山大学出版社2013年版,第120页。

联组包户，党员干部结对帮户，制定并发布了《项目实施管理办法》《项目资金管理办法》《招标管理办法》等规章制度，在村落规划、公路勘测等环节，累计抽调100多人次，聘请专家团队设计改造当地民房的方案就有8套图纸之多。

（1）合理布局。按照合理布局节约用地、满足农户安居功能、体现民族特色、适应旅游发展的要求，以就地取材为主，采取统一规划、统一设计、分类补助、分年实施的方式，为所有搬迁安居户进行安居房建设。同时，考虑到独龙江独特的区位和群众守边固土的职责，在安居房建设规划中，仅将自然条件恶劣的9个村中的478户进行集中重建，其余22个自然村的537户采取就地重建。在安居住房基础上，还户均配套修建20平方米的伙房。

（2）尊重当地住房习惯。安居房格局基本按照当地民居风格进行设计，安居房每户屋顶均插上了一面五星红旗，同时，在每个安居房旁边，还整合涉农资金，规划建造了1000余户的农户厨房，实现厨房与住房分离，并在厨房中保持着传统的火塘，一个火塘为一户，居民围火塘而居，既能使用现代化的厨房电器设施，同时仍然可以捡拾柴火做饭、火塘夜话。

2. 自力更生、自建家园

独龙江乡的安居房建设，并非由施工企业完全包办，而是积极调动村民的主动性，积极开展"自力更生、自建家园"主题活动，在各村党员的带头下，各村掀起了"自己家园自己建、自己家业自己创"的建设热潮。仅建设初期的2010年，全乡就先后动员成立了以共产党员、共青团员、退伍军人、农村青壮年为主力军的先锋队、青年突击队、应急分队等建设组织，成员人数多达671人，群众投工投劳达85000工时，互助工时2400多人次，互助备砂500立方米，全乡备砂石近4000多立方米，群众自备建筑用竹子达10万多根。

驻村工作队队长罗新日记

2011年10月12日星期三【晴】

自从我工作组入驻龙元村开展帮扶工作以来,每天都马不停蹄地奔波于龙元村每个建设点之间,国家对边疆少数民族地区惠民富民政策的春风正继续吹遍独龙江的每个角落,独龙江的百姓们正热火朝天地投入到家园的建设中,这段时间,在家园建设中百姓的任务主要有:备砂备料、拆迁旧农房、下施工建筑材料、平整地基等。

我们龙元村工作组与村委会干部全力发动群众,积极宣传帮扶工作的意义、背景、内容、目标、要求和国家对边疆少数民族地区惠民富民政策,在投工投劳现场每天男女老少都有。每个人都满头大汗,虽然是这样,他们的脸上充满了幸福感与满足感,虽然劳动强度很大,但他们有说有笑。我们工作队看到他们这样幸福开心的样子,再苦再累也无怨无悔。

很难想象,如果没有群众的全面参与,在当时交通资本较为缺乏、雨季较为漫长、泥石流灾害频发、人员进出及物资运输严重受阻、施工单位技术人员不稳定的条件下,仅仅4年时间就完成了如此浩大的安居工程。

独龙江人民在建设自己家园的过程中,部分群众主动向施工企业的技术员工学习,从小工变成了技术工。也有群众筹集资金承包一些小型工程,从而赚到了人生的第一桶金。例如,迪政当村原普尔组组长龙建新,就是在2013年建设雄当安置点的过程中,带着四五个小工承包了民居的房顶工程,小赚2万元,这笔资金也成为他建设自家"民宿"的启动资金。

3. 村庄公共设施整村推进

安居工程建设解决了独龙江群众集中居住的问题，以此为基础，怒江州再次整合资金约77250万元，用于移民安置点配套的基础设施工程建设。2010—2014年期间，完成土地整治1000亩，新建田埂3200米，田间道路3150米，排导槽520米。建设农户厨房设施约400余户，完成20千伏农网线路80公里，低压线路32公里，一户一电表1026个。宽带、电信网络覆盖所有安置点，绿化树木栽种2万余株，卡雀哇广场、纹面女广场、篮球场等公共活动场所齐备。

在现代公共设施的有效供给下，独龙江群众从此告别了茅草房、木板房、篱笆房等旧有住房，取而代之的是水电、卫生设施齐全的框架结构安居房，过去不通电、公路、广播电视、电话，没有文体活动场所的传统寨子，如今被村容整洁，道路宽敞，公共活动场所、公厕、排污沟渠和垃圾处理池等公益性基础设施一应俱全，饮水、广电、输电设施入户的现代村落取代。村民居住条件得到彻底改善，生活质量明显提升。

4. 脱贫攻坚行动进一步"补短板、强基础"

2015年，贡山县确立了独龙江乡于2018年底实现"脱贫摘帽"的精准扶贫目标，按照贫困群众"八有"之"有稳固住房、有饮用水、有电、有电视看"等脱贫要求，进一步摸排、识别无住房或住房危的贫困户，实施了"易地扶贫搬迁脱贫一批"计划。在实施过程中，立足独龙江乡整乡推进独龙族整族帮扶项目中已经实施的安居房项目进行巩固提升：针对分家分户，有条件、有自筹能力的农户，计划60户的易地搬迁指标，并由政府争取贷款资金；对分户无房、住房安全稳定性差的农户，实施易地扶贫搬迁项目（户均6万元），从而确保了独龙江乡人民群众人人都有安全稳固的住房。

同时，"补短板、强基础"，分年度、分批次统筹整合部门资金，在已经建设完成的20余个村落中，实施了以水、路、公厕、公共洗澡间、文体活动场所等公益性基础设施与安居房完善为主要内容的安居提升改造工程。例如，在2019年度第四批改造工程中，对巴坡村、马库村两个边境村的209户安居房的屋顶进行了修缮提升，涉及资金313.5万元，户均1.5万元，群众反映的漏雨问题得到了解决。在该批次中，整合资金110万元，新建龙元村、献九当村、孔当村公厕及公共洗澡间合计11个，解决了3村居民生活设施问题。又如，为了向村民提供文化、教育、娱乐等活动场所，独龙江乡整合中央对少数民族村寨的专项扶持资金，完善建成26个活动室，所有村民小组均有了活动阵地。到2020年，独龙江人民真正过上现代化的村居生活。

（三）以村民为中心的搬迁安置

1. 集中安置守护原有社会联结

独龙江乡的移民安居工程，最大特点是在乔迁新居过程中，最大限度地保留村寨原有的以血缘和邻里关系为基础的社会联结。过去，由于地理环境的封闭性，独龙江群众极少与陌生人打交道，其主要的交往半径，基本局限在同村寨的邻里之中，即使是婚嫁往来，也主要在邻近的不同姓村子之间，是典型的熟人社会交往模式。因此，在安置点的空间规划上，为了避免村民面对新环境的不适应，独龙江乡采用组团型空间布局，原村寨的居民因此能够集中居住在一起，保证"原来的邻居还是现在的邻居"。当然，为了保证安居房分配的公平性，在修建之前，村委会便组织村民以内部抽签的方式决定了具体房屋的归属。

此外，对于新搬迁村民面临的居住地与生产地分离的问题，独龙江乡因地制宜，保留并修缮了群众的生产性住房。例如，迪政当村南代小组的村民，如果居住在雄当安置点中，日常劳作就需要徒步两个多小时，这显然不现实。为此，独龙江乡保留了南代小组村民原有的茅草房，并重新修缮布局，农忙时节，村民便可在其中常住，同时，独龙族的传统民居也得以保存下来。如今的南代古村落，成为旅游发展的重要村落景观，游客们在其中体验独龙江人往日的生产和生活，正在修建的砂石路，也把南代景点与硬化公路连接了起来。

2. 幸福公寓缓解搬迁遗留问题

因为家庭人口增长及婚姻带来的人口流动问题，独龙江乡仍有一小部分居民住房紧张，考虑到现有条件下群众自建住房存在困难，为了给群众提供一个适应时间和过渡机会，独龙江乡继续实施幸福公寓项目，从而使当地居民免去无房住、住危房的担忧，全身心地投入保护家园、建设家园的队伍中。

独龙江乡的幸福公寓与安居房不同，属于村集体产权，住进去的人只有使用权而无所有权。2018年，在基本解决了村民住房保障问题之后，县扶贫办进入独龙江乡调研，识别摸排出新的23户住房紧张户。在这23户中，有些是过去安居房建设中，自身没有能力平整地基、平整地块、准备建筑材料的村民，还有部分是因为婚姻或生育，家庭人口增加导致的原安居住房紧张，另有个别是外嫁之后又回到村里没地方住的情况。根据这些实际情况，贡山县从涉农资金里面安排了500万元，专门为住房紧张户建设了23套幸福公寓。例如，龙元村龙仲小组龙新云家，家中11口人，成年人6名，未成年人5名，在过去移民安置过程中，只是按照原有的4个人，分配了约86平方米的安居房及配套伙房。考虑到该户住房紧张的实际情况，2019年，独龙江乡整合资金12万元，为其新建了50平方米的幸福公寓1套，两室一厅，有厨房、卫生间。

独龙江乡幸福公寓项目的实施，解决了过去安居工程建设及移民搬迁项目中的一些遗留问题，解决了全乡所有群众的住房困难，增强了贫困群众的可持续发展能力，村民幸福感显著增强。不过，诚如老县长高德荣所言："国家对独龙族人民的住房帮助也只能到此为止，政府已经给了大家足够的适应时间，以后家庭的住房问题应该要靠我们自己努力。"

三、现代公共生活与社区营造

独龙江乡的交通通达性获得了提升，信息开放程度逐渐深化，群众住房获得保障，生活质量明显提升，群众实现了从传统村庄生活向现代化的社区生活方式转型。然而，在此过程中，新的生活方式带来的变革，需要村民不断学习和调整，如何适应现代社区生活、参与社区公共生活，都成为有待解决的重要问题。为此，独龙江乡积极发挥基层党组织的作用，探索创新，实施了"素质提升工程""以电代柴"等项目，并通过村医、教师、驻村干部等进行教育引导，让独龙江群众适应现代生活；同时，群众也主动学习，通过接受社会教育、外出务工、观看新闻、使用手机等方式，自觉了解外部世界，转变个人生活习惯，从而不断适应现代社区生活，并逐渐参与到社区营造、社会治理中来。

（一）现代生活方式养成

随着"安居工程"的实施，独龙江人搬进宽敞明亮的新房子里，与过去居住的茅草房、竹棚、简陋木房彻底告别。今天，从高处俯瞰，一栋栋具有鲜明独龙族文化风格的现代建筑，错落有致地矗立在独龙江边上，美丽漂亮。走进各个村组，规划合理，道路平整，环境优美。走进老百姓家，屋里整洁，家电齐全，家具摆放有序，的确是一派居家过日子的样子。虽然独龙江群众并没有要求访者必须换鞋，但是门口成排的鞋架和他们主动换鞋的举动，表明他们对于自我家庭卫生的重视。虽然有些群众的家用设施依然相对简单，如有的已脱贫卡户家仅用几块砖块和木板就搭起简易的儿童床，但是

千年一跃：独龙江畔的脱贫攻坚实践

床上叠得整整齐齐的被褥、床下摆放成一排的鞋子，以及窗外晾绳上刚用洗衣机洗过的衣服，很难让人跟老照片上蓬头垢面、脏乱不堪的情形相联系。虽然独龙江群众依然在使用火塘，但是"以电代柴"项目发放的家用电器均明显有使用过的痕迹，群众会热情地用破碎机打奶茶、用电壶烧水，也会为客人奉上噼里啪啦刚出锅的爆米花和热气腾腾的烤苞谷、烤山药。所有这一切，都是从"整乡推进，整族帮扶"，特别是脱贫攻坚以来，才发生的根本改善。

独龙江从人居环境改善、生活习惯改变、卫生与健康知识科普等方面入手，积极开展社区教育，提升人们的生活品质。除了上述内容，当地干部还组织乡、村里的医生给老百姓讲解卫生和保健方面的基本常识，如常见病防治、孕产妇体检、住院分娩、婴幼儿护理等。家庭医生会根据群众的健康状况定期进行随访，并提醒群众养成健康生活方式，按时服药，减少抽烟、酗酒等不良的生活习惯。通过学习，独龙江人的观念和行为都在朝着积极的方向发展。比如，20 世纪 90 年代以前，独龙江的妇女生产子女数量通常在 4 个及以上，由于居家生产，卫生条件较差，出现高出生率、高死亡率、低成活率的现象，产妇的卫生护理几乎无从谈起。经过多年的工作，特别是近年的社区教育，现在老百姓的生育意愿已经发生明显改变，目前普遍生育孩子 3 个或以下，并向低出生率、低死亡率、高成活率转变。

此外，现代通信工具（如手机、网络）与现代交通工具（如汽车、摩托车）的使用，以及现代储蓄意识和保险意识的增强，也是独龙江群众现代生活方式养成的重要表征。2016 年进独龙江乡信用社工作的杨晓林，就对自己刚进入时微信的普及感到"吃惊"："我一进独龙江，感觉有点吃惊，大家都是用微信！我个人认为，外面都还没有这样普及。所以我们信用社也做了一个二维码。"[1] 现在独龙江乡基本上每个家庭都有智能手机，甚至连从未出

---

[1] 根据 2020 年 10 月 6 日访谈独龙江乡信用社主任杨晓林录音整理而成。

过独龙江、不会讲普通话的纹面女奶奶也能熟练地使用手机打电话,跟子女学习发微信、看视频,甚至有女性用微信群"飙独龙歌"。而从全乡的机动车拥有量(见第一章)来看,原来的乡政府所在地巴坡村和现在独龙江乡政府周边及孔当村的机动车数量最多。从机动车类型来看,摩托车已经较为普及,货车和客车数量增长最快,越来越多的家庭开始购买轿车。为调研组开车的师傅还讲,因为怒江州的公路较窄且会有碎石滚落,独龙江人、贡山人乃至怒江州人,开车的时候都比较小心平稳,碰到技术不太熟练、任意变道的外地车也会尽量避让。这也彰显出独龙族江人平和谦让的特质。所有这一切均表明,独龙江再不是与世隔绝之地,独龙江群众的现代生活方式已基本养成。

(二)社区公共生活融入

独龙江群众在搬入安居房、过上新生活之后,除了要适应现代社区生活方式,还面临如何建设公共空间、融入社区生活的问题。原来村民散居于独龙江两岸的山腰、山谷,户与户之间相隔较远,沟通联系障碍较多,晚上闲暇时间多在烤火、喝酒中度过。但是,当整个村民小组集中居住在一起,户与户之间仅一路之隔时,村庄公共生活便自然生发出来。在脱贫攻坚中,每个行政村都建成办公楼,每个安置点都建设了党群活动室,有条件的村还新修了活动广场。这些公共设施与村小或教学点、村卫生室一起,构成社区公共生活的空间载体。

面对独龙江原有社会发育程度较低、公共活动较少的情况,通过基层党组织引领,创新"一周三活动":周一是"环境卫生日",早上升国旗仪式结束后,党员带头、群众参与整理内务并发到微信群进行评比;周三是"讲习活动日",群众走进党群活动室,听村两委干部、第一书记和驻村工作队讲习"幸福不忘共产党"活动,听致富带头人、技术能手讲种植养殖技术、致富经验和心路历程;周五是"文体活动日",号召群众"走出火塘到广场",穿民族服装、唱民族歌曲、跳民族舞蹈,这均是通过党建引领、群众参与,实现村庄公共活动的组织。马库村主任马成华指出,因为村里经常下雨,最近晚上的文体活动都搞不成,所以村里正在积极争取资金建设"风雨馆":"老百姓肯定会相当开心,因为即使下雨天,他们也可以打篮球、打羽毛球、跳广场舞,这样会觉得比较热闹。"[①] 迪政当村还在2020年春节期间举办"第一届村民健身运动会",运动项目包括:篮球、射弩、铅球、拔河、负重接力赛、弹弓、少儿跳绳等比赛项目,并设置了"卡雀哇节"的射弩、标枪运动场地。虽然"风雨馆"还没有建成,运动会和当地传统节日"卡雀哇节"也被新冠疫情耽误,但是独龙江群众特别是年轻的小伙、姑娘们对于社区公共生活的憧憬和向往,却让人感受到一种现代社区的活力。

在社区公共生活建设中,因为脱贫攻坚而驻村的第一书记、扶贫工作队队员,以及因为旅游开发而来越野徒步的游客,甚至包括我们这些来调研的专家学者,让这些独龙江畔的小社区变得更为热闹,社区生活更为丰富。

课题组成员体验"火塘夜话"

2020年10月12日晚,课题组成员去马库村村医马福光家里访谈,刚开始在"安居房"里,马医生切了西瓜、倒了奶茶来招待,但妻子却避而不见。后来因为天气寒凉、蚊虫较多,访谈地点换到家里的"火塘"边,整个氛围慢慢发生变化。在访谈进行中,一家三口突然推门进来,经介绍了解到,他们是"哈谤人家"民宿的老板,就住在马医生家斜对门,经常"在休息的时候跟朋友聊聊天,

---

① 根据2020年10月12日访谈马库村主任马成华录音整理而成。

> 喝点小酒"，手里拎着的一桶啤酒已经标志着"火塘夜话"的开始。课题组成员惊奇地看到，陆续有3名年轻的女性加入这"火塘夜话"，原来马医生的妻子见到有朋友来，就约她的好姐妹一起过来"吹牛"。于是一个接一个，陆续有3位朋友过来，有1名已婚女性背上还趴着熟睡的儿子。[①]

从这次亲身经历的"火塘夜话"中，课题组为独龙江的巨大变化而震惊。原来独龙江人听到陌生人都会感到害怕、绝不会开门，但是这些年轻人身上丝毫看不到"胆小""怕与人交流"这些特征，他们虽然普通话并不标准，但是与人正常交流完全没有障碍，甚至还为课题组成员合唱"双语版"（汉语和独龙语）歌曲《我可爱的家乡》："我可爱的故乡哟，山清水秀风光美，歌声悠悠心欢畅，幸福生活无限美好。无论走到异地他乡，我会永远思念着你，我的一心切记着你，永远不会把你忘记。永远不会把你忘记……"悠扬的歌声唱出的是独龙江年轻人内心的欢愉和对美好生活的向往。"哈滂人家"的老板安建云，1976年出生，初中学历，2015年独龙江大建设的时候，作为监理人进入独龙江，结果跟马库村姑娘布玉梅相爱，于是"入赘"到马库村，开了这家民宿。他谈到对独龙江文化的理解，说自己想用当地民族特色文化吸引游客，美食方面有独龙牛、独龙鸡等；晚上还可以请几个当地的小伙姑娘，一起喝酒、一起唱歌，为客人即兴表演；家里还有老婆和村民编织的独龙毯、藤条筐、竹篮等销售。"火塘夜话"这种半私人半开放的休闲娱乐和人际交往模式，展现出独龙江群众主动丰富的精神文化生活，以及结交新朋友的乐观、开放、包容态度。

除了党组织引领、村民自发拓展的社区公共活动，生产经营、公共事务

[①] 根据2020年10月12日课题组访谈马福光的相关情况整理而成。

千年一跃：独龙江畔的脱贫攻坚实践

等也在重构着社区的社会联结方式，在丰富社区的社会资本[①]的同时，推动着社区参与基层社会治理。独龙江乡的草果产业发展并不均衡，南部因为气候条件更适宜而种植面积广阔，北部地区则种植较少，迪政当村则根本不适合种植。但是，独龙江群众却利用传统社会的血缘关系网络，通过"亲戚联合、共同劳动、均分收益"的方式进行劳动分工合作，结成更为紧密的社会关系网。为了将草果运下山，群众还会几家共建溜索，或以一家建设、多家使用溜索的方式，合作完成草果的运输；有的还会按照150元每天的工资标准雇工经营。"哈滂人家"民宿会购买村民的独龙鸡、蔬菜等招待游客，而且会在游客较多的情况下"分流"到周边的村民家：

> 我们家房间有点小，只有8个标准间，有时候一个团队来，我们家住不下，我们就安排在"安居房"这边的房间。我们会提供床单、被子和生活一次性用品，而且会告诉他们好好打理房间；晚上注意清静一点，不要打扰到人家。这边有几家经常喝酒，会吵到人家睡觉的，我们不会选的。因为游客过来也是为了体验老百姓的生活。我按照150元每天给他们钱，一分钱都不赚他们的，但是游客会在我那里吃饭，连早饭都会过去吃的。[②]

这些在草果种植、管理、收获、销售整个产业链条中缔结的社会关系，以及像"哈滂人家"这样因经营民宿而跟村民构建的市场关系，因为突破了传统地缘、血缘关系，融入市场元素而更具现代性、公共性。此外，村里还根据公共事务的需要建了不同的QQ群、微信群，在"村庄交流微信群"，行政村所有的家庭至少有一人会被拉进群。原来居住地点远离村委会、很少

---

① [英]帕特南：《使民主运转起来》，王列、赖海榕译，江西人民出版社2001年版。
② 根据2020年10月12日访谈马库村"哈滂人家"布玉梅录音整理而成。

参与村庄公共事务的村民，在群里会看到村两委发布的通知，有问题可以咨询相应的负责人，还可以在群里表达自己的观点，甚至还有老年人"对歌"的群。由此，因为通信技术的改变而构建的"社区虚拟公共空间"，不但方便了村庄公共事务管理，而且成为村民咨询问题、表达意见的有效途径，有效促进了村庄的社会治理。

（三）社区突发危机应对

虽然"安居工程"的实施让村民过上了现代生活方式，重新建构起社区公共生活，但这并不意味着现代社区就没有问题。社区公共环境卫生整治、社区矛盾调解、社区参与和治理完善，都需要比较长的时间段才能完成，独龙江群众的现代社区生活"还在路上"。同时，由于原来零星分散的居住方式改为集中安置，居住地点海拔更低、更靠近独龙江河谷，遭受自然灾害的风险就更高，因此需要更强的社会组织能力和突发危机应对能力。2020年，新冠疫情和"5·25"特大暴雨引发的地质灾害，均对独龙江群众的生产生活造成重大影响。安置社区在应对突发危机的过程，呈现出基层党组织领导下的社区团结、社区行动能力。

2020年初，新冠疫情席卷全球。地处中缅边境的独龙江，面临着巨大的疫情防控考验。除了独龙江乡政府、独龙江乡边境派出所民警、独龙江中心卫生院和村医的主动防控，各村村两委、村民小组乃至普通的村民，均参与到这场抗疫中。各党支部通过微信、QQ群等互联网媒介，及时将习近平总书记关于疫情防控的重要指示精神和各级党委政府防疫应急处理要求宣传到每个职工群众身边，群内村民每天分享自我防护、居家隔离、疫情动态、心理健康等措施和信息；群众按照疫情防控要求，"不聚群、少走动、多居家"，配合村医完成体温监测和居家消杀，填写疫情日报信息，出门主动戴口罩；按照村两委要求在疫情防控点和辅警一起轮流执勤守夜。在疫情防控期间，虽然边境线上的通道一律封锁，但考虑到马库村与缅甸葡萄县木克嘎

千年一跃：独龙江畔的脱贫攻坚实践

村距离较近，当地群众又与缅甸有诸多亲缘关系，因此独龙江乡群众会将食物、药品等放在边境指定的位置让亲友自取，帮助亲戚朋友渡过难关。

2020年5月25日，贡山县遭受有气象记录以来最大的持续大到暴雨天气过程。县域内道路交通、通信、电力、农作物、房屋、供水等受损严重，国道219线、独龙江公路、德贡公路等主要干线及绝大多数乡村公路边坡滑塌、路基冲毁，450多名游客和学生滞留在独龙江乡。在这样的突发自然灾害面前，独龙江乡党委和政府、独龙江边境派出所民警积极指挥施救，独龙江群众也开展互助自救。独龙江乡党委书记介绍了乡镇救灾的主要做法：

> 当时乡长和老县长带着人去抢通道路，副书记带着人去各村委会了解受灾情况，我在整合与坐镇指挥，负责解决游客和附近老百姓的吃住问题。当时有个记者质问我们："第一，你们前一段时间就预测到会下雨了，为什么还让我们进来？第二，你们搞旅游，一级预案和一级队伍是怎么搞的？第三，假如说这成为一座孤岛，解放军什么时候进来？"我说现在不分游客还是非游客，我们都是现场救灾的主体力量，我们是一个共同体。首先，我们将游客分组，20个人一组，让他们参观博物馆、让他们跳舞，这样分出来以后才有秩序。其次，考虑到我们全乡的饭店只开了两家，我们就把整条街上的粮食、蔬菜全都做好统计，每天吃200斤，够吃14天，所以就让游客每天拿票到一家饭店用餐，一天两餐；另外一家饭店是我们自己人和民工去吃。有的民工安排不下，他们就跟我说："书记，游客安排得这么好，我们难道就不是中国的公民吗？"我说你们在这里熟悉了，在这附近干活的全都没有大米了，全部拉到这里来了，你自己找去。再次，有个云南师范大学的老师，也是党员，跟我说他也要加入到抢险救灾中去，我说你帮我画个图，挂在门口，把每天推进几公里（抢通独龙江公路）标在图上。其实我也不知道每天推进几公里，因为跟外面联系不上，但是我说已经联系过了，今天

已经抢通5公里了,这样给游客信心。①

余书记能够这样"淡定"地分流人群,是基于对独龙江群众的了解和信任,有些群众早饭都不吃,把食物拿出来让给游客吃,也会招待这些在本地务工的民工兄弟。面对自然灾害时,独龙江群众展现出的包容,真正体现出"命运共同体"的精神。

与此同时,独龙江群众也在村两委的领导下,在村庄内开展自救。

> 例如泥石流发生地巴坡村,村里去乡里面的路断了,并且停电停网,无法与外界取得联系。驻村民警、巴坡村村民(村干部)、当地群众(边境专职辅警)成立一支小分队,5个人手拉手,冒着倾盆大雨徒步19公里,翻山越岭,舍身忘死、不畏艰险地到乡里面把巴坡村的受损情况报告给乡政府和派出所。乡党委政府、派出所火速组织抢险队员和公路局及其他相关部门抢修通往该村的道路,用最短时间把该路段的道路修通,给救援争取了宝贵的时间。从中可见独龙江村民的自组织能力还是比较强的。多年来,各村组居民在当地党委政府、派出所和其他部门的引导下,对于自然灾害的自救演练、组织程序都开展过类似性的演练,特别是独龙江群众居住在这个峡谷中间,每年都会出现大大小小的自然灾害,群众们也都经历过,均在第一时间组织人员疏散,因此群众自组织能力比较强,对于自然灾害的反应也比较快。②

面对交通生命线被阻断,全乡只靠4部卫星电话联通,独龙江成为"一座孤岛"的状况,当地群众不但互帮互助,把家里的食物凑起来大家一起

---

① 根据2020年10月7日访谈时任独龙江乡党委书记余金成录音整理而成。
② 根据2020年12月13日电话访谈独龙江乡边境派出所民警赵松录音整理而成。

吃，而且主动清理泥石流，并相互鼓励："相信泥石流很快就结束了！"巴坡小学附近群众得知小学存在安全隐患，自发组织帮助师生撤离，45名师生安然无恙地被转移到巴坡爱国主义教育基地，不久基地里就传出了朗朗的读书声。

新冠疫情和"5·25"自然灾害，均是独龙江罕见的特大突发危机，严重影响了独龙江群众的正常生产生活，但是他们在应对自然灾害中展现出了自救互救能力和精神，以及在党委、政府领导下，结合传统生存智慧和自然灾害演练，主动参与到抢险救灾中，独龙江群众强大的组织和行动能力得到检验和呈现。

脱贫攻坚行动以来，独龙江乡以交通、通信和安居工程建设为突破口，因族施策，在尊重和提升群众主体性基础上，打破独龙江乡的空间和信息封锁，同时提升群众的住房条件，重新调整村落布局，并在建立现代化的社区公共设施基础上，通过公共生活推动、现代生活方式学习等，改善个人卫生、家庭卫生和社区卫生习惯，引导群众平稳过渡，独龙江乡人民社区生活质量明显改善，应对风险能力明显提升，内生发展动力显著增强。

可以说，独龙江乡在交通、安居以及社区营造等方面的脱贫攻坚行动，破解了历史上独龙江"内联不通、外联不畅"的发展难题，促进了社区的开放和当地人民的现代化进程，生动诠释了中国减贫必须以贫困群众为主体的重要性，也是中国特色社会主义制度集中力量办大事的优势彰显，独龙江乡以开放式社区建设为核心的脱贫实践，为其他边疆少数民族地区的减贫发展提供了借鉴，也为世界上其他同样处于地理封锁的深度贫困地区实现脱贫提供了示范。

第四章　多元化在地生计

　　孔志才，男，46岁；妻子肯玉花，40岁，夫妻俩都是小学文化水平，育有两子一女。家有水田2.54亩，后有一亩因为缺水而改为旱地，再加上原来的2亩旱地，都用来种玉米，年景好的时候能收2000斤玉米，值1500元；家里还有一部分退耕还林，每年能收到国家发放的粮食800斤。家里养着5头猪，20只鸡，还有4只放养的山羊，每年能收入2000元。不忙的时候，他也到乡里的工地上做临时工，赚600元左右。全家5个人都有低保，每人每月60元，每年3600元。

　　　　　　　　　　　　　　——2009年孔当村孔志才家庭收入来源[①]

　　独龙江群众历史上以采集、渔猎和刀耕火种的生计方式为主。长久以来，主要粮食是块根类植物，捕鱼和山地狩猎与刀耕火种的农业方式相互补充。新中国成立后，当地人口迅速增加，生产力水平却发展迟缓，造成无休止开荒毁林。烧垦和薪柴砍伐，使流域中下游地区2000米以下的河谷由解放初期的原始森林退化为只长杂草、矮灌或竹子。森林系统被破坏，以前丰富的物产明显减少，严重影响了独龙江人民的食物供给和经济收入。因此，

[①] 黄锐主编：《孔当村调查　独龙族》，中国经济出版社2014年版，第154—158页。

千年一跃：独龙江畔的脱贫攻坚实践

独龙江人民就到更高更远的山上去采集或者煮樟油来增加收入，这又加速了生态环境的恶化。[①]这样，当地群众陷入"生活贫困——向自然过度索取——生态环境恶化——生活更贫困"的恶性循环，直到2009年部分群众还要靠国家的救济和补贴维持生活。因此，对于独龙江乡这样的"三区三州"深度贫困地区而言，从深山茅草房搬迁到河谷安居房只是"挪穷窝"，如果不能"换穷业"，则不会"断穷根"，甚至只能靠农村低保政策兜底保障。另外，当地群众长期处于相对封闭的环境，一旦离开居住环境将失去其根基，以移民方式解决当地发展问题是不现实的[②]，只有本地产业发展和就近就业一条出路。

本章旨在对脱贫攻坚"发展生产脱贫一批"和"生态补偿脱贫一批"如何使当地群众建立起"多元化在地生计"进行阐述，重点分析这种生计方式如何将传统生态智慧与现代市场经济融合，如何协调生态保护、边疆守护与经济社会发展的张力，如何让群众共享发展成果、避免贫富分化与社会矛盾，真正践行习近平总书记"绿水青山就是金山银山"的科学论断。这种生计体系主要由三部分构成：一是契合本地的生态产业发展，从草果、重楼与独龙牛、独龙鸡、中华蜂等特色种植养殖拓展到高端旅游的多种业态融合；二是在国家就业支持下的稳边固边、生态保护的转移支付收入和公益性岗位就业；三是建筑、运输等技能型新业态的就业拓展。

一、契合本地的生态产业选择

"整乡推进，整族帮扶"产业帮扶专项规划，将旅游业作为长期目标，

[①] 何大明主编：《高山峡谷人地复合系统的演进——独龙族近期社会、经济和环境的综合调查及协调发展研究》，云南民族出版社1995年版，第53—54页。

[②] 何大明、李恒主编：《独龙江和独龙族综合研究》，云南科学技术出版社1996年版，第21页。

但短期仍然坚持"固本、求新、谋发展"的规划定位，其中"固本"即抓草果产业，"求新"指蔬菜栽培、畜牧业养殖、成品加工等生态农业，"谋发展"指实施市场化运作，加强草果加工和销售推广。2015年以后，独龙江乡根据《贡山县独龙江乡整乡推进独龙族整族帮扶后续发展规划（2015—2020）》和《独龙江乡脱贫摘帽攻坚方案》，全面巩固提升独龙江乡产业发展，按照"因地制宜、突出特色、一乡一业、一村一品、一户一项目"的要求，不断巩固提升独龙牛、独龙鸡、独龙蜂、草果、重楼等种植养殖业，2016年实施种植滇重楼三年苗30亩，种植泡核桃1142亩，种植两年苗山药12亩，种植草果三年苗40万株、一年苗75万株项目项目。[①] 从前后两个阶段来看，脱贫攻坚基本延续了"整乡推进、整族帮扶"阶段的产业发展思路，但将重点从"扩面增量"转变为"提质增效"，更强调契合本地生态产业选择，推动种植业、养殖业逐步进入产业融合阶段，增强了产业发展的可持续性。

（一）草果种植试验推广与产业链延伸

独龙江乡森林覆盖率高达93.1%，但全乡自然保护区的面积占比高达88.3%；耕地面积3626亩，人均仅有0.87亩。"林地广阔，耕地稀缺，生态脆弱"是本地产业发展的基础条件。在老县长带领下，当地群众充分利用林地资源优势，逐步发展起草果特色产业。特别是脱贫攻坚期间的"提质增效"，不但巩固提升了草果产业扶贫的效果，而且增强了农民发展生态产业的能力和信心。图4-1是2007—2019年独龙江乡草果种植面积及鲜果收成趋势图，由图可知，独龙江乡草果产业的发展呈现出明显的三阶段特征。2007—2013年是草果试种及初步推广阶段，2013—2015年是草果种植面积迅速增长阶段，2015—2020年是草果"提质增效"阶段。

---

① 独龙江乡人民政府办公室：《独龙江乡政府工作报告》，独龙江乡人民政府，2016年3月。

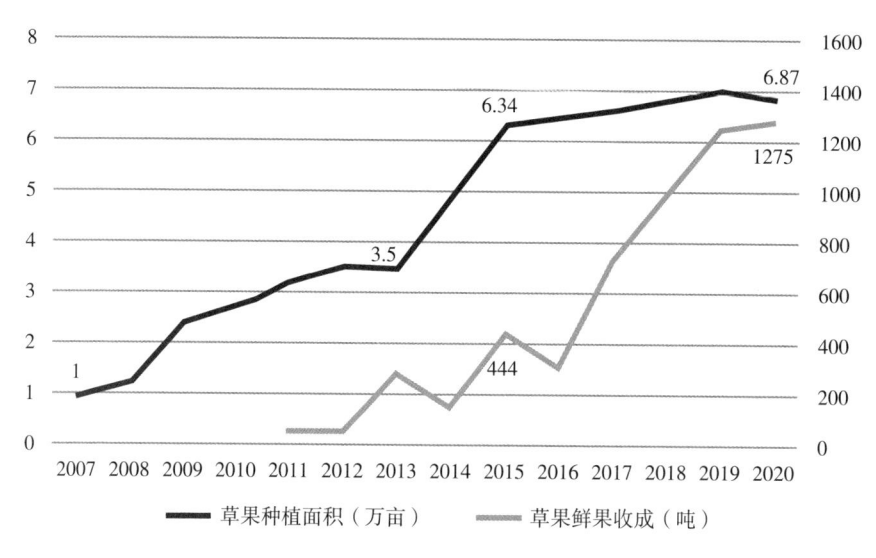

千年一跃：独龙江畔的脱贫攻坚实践

图 4-1　2007—2019 年独龙江乡草果种植面积及鲜果收成趋势图

第一阶段，草果试种及初步推广阶段。独龙江乡草果产业的发展，与"人民楷模"高德荣老县长密不可分。

> 2006 年，老县长被调到州人大，他向州委主动申请，要把办公室搬到独龙江乡，进去之后他就请一些专家研究草果。当时我们贡山县普拉底乡的草果产业发展得早一些，老县长就把县农业局、云南农大的专家请到独龙江做研究，看能否适应草果生长，结果发现土壤条件、气候条件都适合种草果。然后，他就在巴坡搭了一个四五十米长的木料房，白天培训大家种草果，一起吃大锅饭，晚上就五六十人睡通铺，是这么带起来的。乡里面还是以党组织作为依托，让思想开放一点的做致富带头人，首先自己发展好，其他人才听你的，老县长牢牢地抓住这一点。[①]

---

① 根据 2020 年 9 月 30 日访谈时任文旅局局长刘超录音整理而成。

第二阶段，2013—2015年，草果种植面积迅速增长阶段。全乡草果种植面积从3.5万亩增长到6.3万亩，初步形成产业规模。但是当地草果主要以卖鲜果为主，产业链较短，草果的市场定价权完全被收购商掌控，农民收益有限；同时，农民的草果地分布在海拔1200—1700米的大山中，每到草果收获季节，没有路的草果地只能靠人工背运，把鲜草果运出来需要耗费巨大的人力物力，草果生产设施仍待完善。

2015—2020年，草果"提质增效"阶段。独龙江乡明确"立足气候、区位、生态优势，以草果、重楼为龙头，其他林果产业为辅的发展模式"，不断加大对产业的培育力度。2020年，独龙江乡草果种植面积达6.87万亩，产量达1275吨，产值达1020余万元，草果收入占农村经济总收入的35%，草果成为脱贫致富的支柱产业。独龙江乡的草果产业能够产生如此显著的效果，而没有出现"垒大户"或加剧贫富分化等问题，靠的是以契合当地生态、社会为原则，以农户利益为中心，以市场为导向的产业发展实践。

第一，选择深度契合当地生态环境与社会结构的草果产业，让群众在产业发展中融入传统生态智慧、保护绿水青山。一方面，草果的生长环境与当地生态气候高度契合。草果喜欢温暖湿润，略荫蔽又要透光，富含腐殖质又排水良好的山林谷地生长，独龙江高山峡谷地形极为适合；草果全株的辛辣气味，又可以避免被竹鼠、黑熊等野生动物破坏，不致农民颗粒无收，种植风险较小。另一方面，草果的生产与当地的社会结构高度契合。当地群众有长期的采集草果的经验，对草果的生长习性较为熟悉；草果种植技术较为简单，每年只需要在4—5、9—10月锄两次草，不需要施肥、打药，使得农业耕作经验有限的村民能够接受；草果特别适合在林地下种植，村民可以利用自家的承包林地进行种植，不需要承包土地，也不必占用极为有限的耕地；在草果的种植、收获季节，村民原有的互助合作机制可以降低雇工成本，提高经济收益，甚至有村民会跟亲戚朋友"合种"草果地，利益均分。迪政当村的李金才就跟独龙江下游的三家亲戚一起合种，2019年他自己的10亩草果就收入3000元左右。草果种植的低门槛让当地群众均享有发展机会，以家庭为单位充分发挥农户家庭经营的高效率，多户合作则让不适合种植的农户也能享受产业发展利益，很大程度上避免了贫富分化。

第二，党员带头种植，辐射农户，始终以培养当地群众自身能力、使利益归于小农户家庭为中心。老县长在巴坡村建的试验基地，即"试验示范培训工作站"，既是草果种植的"试验基地"，又是草果技术的"示范基地"，还是草果推广的"培训基地"。老县长依托基层党组织，首先选择靠近试验基地的农户和党员进行技术培训，然后辐射到全乡的村两委干部和小组长，再带动其他村民种植。当地群众刚开始时对草果产业也抱着怀疑态度："草果不结果怎么办，那不是白白辛苦了？""这草果苗和山里的野草没啥区别啊，这到底能不能赚钱？"但是因为党员宣传并带头种植，政府又免费发放草果苗，一些群众抱着试试看的心态先试种了一部分。随着最早种植的草果苗挂果，农户真正获得收益，尤其是2016年草果大丰收，收购价格达到每斤16元的高点，村民的种植信心被极大激发。"党员带头，辐射农户"的道路走得较为艰辛、缓慢，可能没有公司规模推广有效率，但是，贫困农户在这一过程中观察、实践、思考，最终慢慢转变观念，种植能力和市场意识也同步提升，因此获得了产业发展的主导权和能动性，为实现可持续发展奠定了基础。

第三，政府坚持做好农业基础设施建设、技术培训等服务工作，并随产业发展阶段而不断调整。面对深山里的草果运输难问题，各级政府加大对溜索、便道等农业基础设施建设的投入，降低农户生产成本，这在脱贫攻坚期间从未间断。2020年，独龙江乡第一批财政涉农整合资金草果提升项目，仍规划建设生产道2.55公里，新建总长度约1.8公里的生产索道6座，使孔当、巴坡、马库3个村538户村民的2000亩草果地受益。在草果产业发展初期，各级政府部门针对农户普遍贫困的现实，通过免费发放草果苗、免费培训等方式，保证产业发展的公平性。"2016年以后，在农户普遍认识到草果种植的经济价值后，不再发放草果苗，让村民自己育苗，培育农户内生动力。2016年以后，国家就不给苗了，老县长还培训老百姓，老百姓回来就自己育苗。因为如果一直发苗的话，老百姓就不会珍惜，就像2010年的时候，有个光棍，比较开心地去领草果苗，但因为喝了点酒，光着膀子，把草果苗背到下面就给丢了。"[1] 独龙江乡草果产业提质增效，让当地群众"第一次找到产业支撑"。此外，独龙江乡每年都主动跟县农业技术部门对接，不断加大在选种、育苗、种植、挂果等各个环节的技术跟踪服务力度，积极研究和探索具有较高附加值的农产品深加工。政府提供的农业生产服务，以普惠性促进产业发展的公平性，让农户逐渐养成科学种植的习惯。

第四，加强农户合作与组织，不断延伸农业产业链条，增强农户抵御市场风险的能力，提升产业附加值。2015年，成立专业合作社7个，组织村民统一生产销售，增强分散的小农与外部市场对接的能力。建成规模48吨草果烘干厂，争取全面实现全乡草果就地收购、就地粗加工、统一外售，建立产、供、销一体化产业链，促进独龙江乡草果品牌的树立。同时，怒江州草果种植面积已达110万亩，其中挂果面积40万亩；2019年鲜果总产量近3.34万吨，产值2.51亿元，已成为我国草果的核心产区和云南省最大的草果种植区。为延伸草果产业链，提高附加值，怒江州成立草果产业发展研究所，联合中国热科院，成立怒江州绿色香料产业研究所，持续开展草果提质增效技术攻关，总结推广草果低位微喷技术、草果专用运输索道技术等10项提质增效技术；建设绿色香料产业园区，着力开发"草果+"系列产品，目前已经推出：草果鹅油拌饭、草果茶、草果酒等50种"怒江草果宴"菜品。[2] 此外，云南能投在福贡县石月亮乡专门建了怒江大峡谷生态农副产品加工交易中心，主要收购贡山、福贡两县农民的草果，对草果进行过流水线

---

[1] 根据2020年10月11日访谈时任巴坡村书记王世荣录音整理而成。
[2] 怒江州扶贫开发领导小组办公室：《云南怒江草果产业助力群众脱贫》，载《怒江州脱贫攻坚典型材料汇编》，2020年7月。

清洗、烘干、分级、去杂、杀菌、打包，提高草果的市场定价权和附加值。独龙江乡的草果产业发展，在增强内部组织能力和市场竞争力的同时，纳入怒江州香料产业发展的大盘，草果产业发展更具可持续性。

（二）特色种植养殖与家户生计多样化

草果产业的发展，使当地群众普遍受益。但是，单一的产业发展市场风险极大，草果产业发展又带来全乡发展不平衡的新问题。因此，脱贫攻坚期间独龙江落实后续发展规划（2015—2020），按照"因地制宜、突出特色、一乡一业、一村一品、一户一项目"的要求，在北部地区重点发展重楼，并在全乡推广独龙鸡、独龙牛、中蜂养殖，让群众的生计来源多样化发展。

首先，借鉴草果产业扶贫经验，在北部地区重点发展以重楼为主，包括葛根、黄精、羊肚菌等多样化种植的特色农业产业。"十二五"规划中，曾经确定草果、核桃、花椒、茶叶四大农业产业，但是土地使用限制、生态气候条件等问题导致商品化程度不高、产业规模难以显现。截至2014年底，全乡累计草果种植面积已达到4.85万亩，但花椒、核桃、茶叶种植面积才分别为8700亩、8000亩和500亩。因此，发展契合当地生态与社会的产业逐渐成为政府和村民的共识。但是，草果适合生长在温暖湿润的环境中，独龙江乡北部迪政当、龙元等地就不太适应，因此当地群众将草果种植经验"移植"到其他特色农业种植上，重楼就是其中之一。迪政当村海拔太高，无霜期短，草果难成活，重楼喜欢生长在海拔1400—2700米且气候湿润、雨量适当的林下蔽荫处，独龙江北部的气候最为适宜。且重楼是云南白药的重要原料。因此，2014年，乡党委政府支持迪政当8户党员带头试种重楼。此外，群众还在试种葛根、黄精、羊肚菌等多种特色农产品。农业种植周期较长，草果需要3—5年，重楼需要6年左右才能结果，试种和多样化种植能够降低风险。2020年，全乡完成葛根种植734.45亩、黄精种植696亩、蔬菜种植90亩、羊肚菌种植473亩、重楼种植1718.6亩。

其次，大力发展具有本地特色的独龙鸡、独龙牛、中蜂养殖，形成种养一体的循环经济，拓宽贫困农户的增收渠道。独龙牛、独龙鸡均是独龙江地区的特有物种，是当地最具特色的家畜。独龙牛 2006 年进入农业部公布的《国家级畜禽品种资源保护名录》和 EAO 濒危农畜遗传资源品种名录；2011 年被评为"云南六大名牛"之首。"独龙牛活动范围一般在海拔 1800—3000 米的茂密潮湿丛林之中。独龙牛是半野生的，家里面养不了。它只认识自家的主人，别人去（抓它）可能会被踢。你把它放到山里，每个月喂点盐巴就可以了。大一点的独龙牛一头能卖到两万块，如果拉到上海、广东能卖三四万块钱。"[1] 因为独龙牛的这种"半野性"特点，养殖独龙牛不需要圈养，只需要放在山上，每个月去喂点盐巴就可以了，极大节省了劳动力投入。独龙鸡是土生土长在独龙江流域的一个品种，每只成年独龙鸡价格在 100—150 元之间。和其他品种的鸡相比，独龙鸡有很多优点：抗病能力强、产蛋量高等。[2] 独龙鸡养殖也多采用放养方式，以山上的野草、菜籽、虫子等为主要食物，因此肉味醇香、肉质细嫩。

此外，当地群众创造性地在林下草果地里尝试招引野生中蜂，并成功收获蜂蜜。草果花和山林中的多种野花为蜜蜂提供了丰富的蜜源，蜜蜂则通过采蜜为草果传粉，提高了草果挂果率和产量，二者互利共生。独龙江乡党委政府合理运用扶贫专项资金，采用"奖补"方式鼓励群众自己动手做传统蜂箱，每个空箱补贴 100 元，如果招进一箱野生蜂再奖补 50 元，以此激发群众的养蜂积极性。2015—2018 年，县农业局结合高原特色贡山蜂养殖项目，免费发放标准蜂箱 1825 个，积极开展当地蜂种养殖技术示范推广。截至 2018 年底，独龙江成功招养独龙蜂 4625 箱，蜂蜜产量 5119.90 市斤，按每市斤 80 元计算，产值约 40.96 万元。为了更好地保护地方品种，独龙江

---

[1] 根据 2020 年 9 月 28 日贡山县政府部门座谈录音整理而成。
[2] 黄锐主编：《孔当村调查　独龙族》，中国经济出版社 2014 年版，第 27—30 页。

在巴坡村建立孔目独龙鸡保种扩繁场,完成马库、献九当独龙原鸡养殖基地选址,作为独龙鸡的养殖示范基地;建成孔当独龙蜂控繁养殖基地,激发群众的养殖积极性。

独龙江乡的特色种植养殖,虽然因为区位、种植面积的限制,难以形成像草果那样的规模产业,但是对于"本地特色"的种植养殖共识的达成,却是在生态环境脆弱地区为经济社会发展进行的有益的探索。第一,这些本地品种的种养,能够与当地的生态环境形成一种高度契合、相互促进的"良性循环"。独龙蜂养殖,能充分利用山林野花种类繁多且四季开花的特点,而颜色深褐、口感微苦的蜂蜜含有多种药材的成分,具有极高的食用、药用价值。第二,本地品种的种养,具有保留传统物种,存留生态基因的作用,为丰富我国的生态基因库、进行深入的科研工作保留了条件,也成为地理标志产品等品牌形成的前置要件。怒江州以打造"绿色能源、绿色食品、健康生活目的地""三张牌"为重点,正在申请怒江蜂蜜、怒江草果地理标志证明商标,而"独龙蜂""独龙鸡""山草果"等已获得特色农产品有机产品认证。第三,村民在种植粮食、草果的同时,充分利用山地资源发展种植、养殖,能够丰富家庭的食物来源,减少购买食物的支出,从而实现生计的多元化。这种家户生计的多元化,是以种植、养殖为基础,以"自给自足"为前提的生计方式,具有风险小、成本低的特点,在遭遇自然灾害时能够维持村民的基本生活;在遇到发展机会时,又能够转化为经济收益,因而兼具生存、发展两个面向。在多样化的种植实践中,农民在不断学习农业技术并不断积累种植经验,原来"刀耕火种、轮闲烧荒"逐步转变为"守山护林,林下经济",农耕技艺不断提升,产业发展能力不断增强。

(三)高端旅游实践与"生态经济"发展

虽然"整乡推进,整族帮扶"产业帮扶专项规划已经将旅游业作为长期目标,但是直到独龙江隧道贯通,将独龙江乡与外界完全联通,独龙江才真正进入旅游产业的高速发展期。独龙江这片"中国西南最后的秘境",传统的原始森林景观、独龙族文化,在旅游特色村打造、旅游景区建设的支持下,具有了发展高端生态旅游、民族特色旅游的可能。

穿越高黎贡山半山腰的独龙江公路有一路段,仅有 23 公里,但共有多达 400 多个弯,险峻的公路、浓密的原始森林、不时出现的野生动物,本身就是一段神奇的风景。人口较少、与世隔绝,在世代居住中形成的独龙族服饰、纹面女、弩弓打猎等"原始"的生活方式,则构成当地最吸引人的民族文化元素;独龙牛、独龙鸡、独龙蜂蜜、草果、董棕粉,以及独龙毯、独龙族服装,编制的藤蔑筐、篮等,成为招待外来游客的地方特色美食和手工艺品。

2015 年,全乡建成 5 个民族文化旅游特色村,完成孔当旅游集镇、观景台等一批旅游项目的建设。从独龙江上游的迪政当村到下游的马库村,沿江开办了 40 多家民宿、农家乐。2019 年 12 月,独龙江成功创建 3A 级景区,是整个怒江州唯一的 A 级景区。[①]2020 年,完成守望野牛谷、走进神田观景台及独龙江乡迪布里旅游公厕等项目建设,扶持新建农家乐 7 户、特色客栈 2 户、旅游产品加工户 1 户,总投资 10.23 亿元的独龙江风情小镇项目也进入建设日程,其中独龙江四星级酒店已经初步建成。目前,全乡在旅游接待方面,实现了 12 家宾馆(酒店),492 个床位;27 家农家乐;餐饮方面接待能力达 820 余人。

但是,当地脆弱的生态环境、频发的自然灾害,一直限制着独龙江旅游业的发展。2017 年 10 月,独龙江景区因基础设施不足、无法满足游客需求而暂停对外开放。2019 年,独龙江采取"边改造边开放"策略,每日限客 500 人,开放时间 9—12 月,为期 4 个月。2020 年,独龙江在年初因为新冠疫情而被迫暂停对外开放;5 月遭受百年不遇的 5·25 特大暴雨,独龙江乡

---

① 2021 年 12 月,独龙江景区成功创建为 4A 级景区。

与世隔绝，成为一片孤岛，4000多名独龙族群众和300多名来自全国各地的游客被困独龙江乡。[①] 在抢险救灾过后，景区继续暂停对外开放。独龙江乡旅游业的"起起伏伏"，让当地干部和群众意识到，独龙江不能走大开发路线，而应打造科考研学、半山酒店、极致体验、康养度假等高端化的旅游业态和精品旅游线路。

习近平总书记指出，"自然是生命之母，人与自然是生命共同体"[②]。在"林地广阔，耕地稀缺"的自然条件和国家级自然保护区等因素的限制下，当地群众创造性地探索出一条契合本地生态的产业之路，无论是草果、重楼种植，还是独龙牛、独龙鸡、独龙蜂养殖，逐步发展到一二三产业融合的高端旅游业，对"绿水青山就是金山银山"理念的生动实践，逐步完善的"生态经济"产业链也形成可持续发展的持续动力。

二、守护边疆、生态的就业支持

独龙江乡乃至整个贡山县，由于在国家版图中的特殊位置，具有重要的国家战略意义。一方面，独龙江乡脆弱的生态环境与高黎贡山独特的生态价值，使其成为国家重点生态功能区。另一方面，独龙江乡国土面积1994平方公里，每平方公里2人居住，人口密度仅为昆明市的1/162；但是其与缅甸接壤，国境线长达97.3公里，因此独龙江乡是边疆稳定的前沿"堡垒"，具有稳边固边的重要作用。这样的国家战略定位却与农户的生计存在一定的张力：要保护生态环境，就要划定自然保护区与生态红线，禁砍天然林，实施退耕还林工程，禁猎野生动物，这在一定程度上限制了当地群众可利用的自然资源，甚至出现受国家保护的野生动物攻击群众、破坏群众作物和财产

---

① 张海魁：《天路十日——"贡山县5·25自然灾害"独龙江公路应急抢险保通纪实》，中国公路网，http://m.chinahighway.com/locality/article/334927.html。

② 习近平：《论坚持人与自然和谐共生》，中央文献出版社2022年版，第225页。

的情况。

为了支持当地群众在条件极为艰苦的独龙江地区守护好祖国的边疆，为了补偿当地群众为守护国家生态功能区的绿水青山而做出的牺牲，为了让独龙族群众能够过上与外面的人民群众同样富足体面的生活，国家通过完善生态补偿转移支付制度，以普惠方式增加边民的整体收入，并通过扩展公益性岗位的方式，让当地群众"工作换福利"，有效调动了群众的主观能动性，让他们成为稳边固边、巡山护山的主人翁。

（一）稳边固边：边民补助与国防参与

为改善边境地区群众生产生活条件，激发边境地区农牧民参与边境管控的积极性、主动性，我国逐步建立起以国家转移支付为主的边民补贴制度。2017年，国务院办公厅印发《兴边富民行动"十三五"规划》，中共中央办公厅、国务院办公厅印发《关于加大边民支持力度促进守边固边的指导意见》（中办发〔2017〕53号），出台了一系列政策措施予以大力支持，包括大幅提高一线边民补助标准等。按照国家和云南省的要求，独龙江乡6个村全部纳入边民补助范围，补助标准为建档立卡贫困户3000元／人／年，其他群众2500元／人／年。仅此一项，当地一个4口之家每年就增加1.2万元收入，这对于无法外出、只能在本地就业的贫困农户来说是一笔非常可观的经济收入，增强了他们守边护边的责任意识。

当地群众还积极参与到边境国防中，成为护边员、界务员、辅警，承担起巡边护边、打击非法犯罪、边境治安巡逻等国防事务，成为边防安全卫士。独龙江乡在41个村小组招聘了123名护边员，其主要工作是每日与边境派出所驻村民辅警开展治安巡逻，定期对边境线开展巡逻，如发现异常情况及时上报。独龙江乡还招聘了23名界务员，其主要职责是按时巡护边境线上的界碑。多年以来，独龙族群众在建设好家乡的同时，也跟边防官兵、派出所民警守护着界碑、守卫着边疆，演绎出几代人共同守护雪域青山家国

千年一跃：独龙江畔的脱贫攻坚实践

故事。如马库村马军福，其父亲马国忠是守护界碑15年的界务员。2017年父亲去世后，21岁的他继承父业当了界务员和护边员。他每天的守边生活是这样的：每天去查看41号界碑，清除界碑旁的杂草，打扫游客和中缅边民留下的垃圾。每隔一天去独龙江对岸1公里外查看40号界碑，每年给界碑上的字描红。在雪山顶上还有42号界碑，他和村里的5个界务员结伴，一年两次去查看42号界碑，来回4天。途中没有路，他们就用砍刀披荆斩棘，砍出一条小路，晚上就在背风的地方用塑料布搭个简易帐篷睡觉。说起界务员的职责，他坚定地说："把界碑管理好是界务员的责任，绝不让任何人搞破坏。"[1] 同为界务员的迪志新的父亲几十年前曾参与修缮独龙江边境线上的各个界碑，当过一批批边防官兵巡护界碑的向导。迪志新14岁就跟随老一辈界务员进原始森林、上高寒雪山巡护祖国的边界。他从2017年开始带着17岁的儿子跟随自己执行界碑巡护任务，他自豪地说："只要看到界碑上鲜红的'中国'两个字，就非常自豪！等我老了，让儿子也当界务员，永远都要守好界碑、守好边疆！"[2] 此外，当地青年还主动应聘独龙江边境派出所的专职辅警职位，从事打击各类违法犯罪活动、边境地区治安巡逻管控、协助维护案（事）件现场秩序、保护案（事）件现场、交通安全、禁毒宣传等辅助性工作。现在独龙江边境派出所共有边境专职辅警42人，其中40人是独龙江乡本地人。

独龙江辖区内国境线及界碑多分布在原始森林中或雪山悬崖上。无论是护边员还是界务员，经常要在巡边护边时住在野外，他们不但要解决食物、水等生存问题，还常常面临黑熊等大型野生动物以及毒蛇、毒虫、毒蚊等剧毒动物的威胁。专职辅警则要了解村庄中每一户村民的生产生活状况。因

---

[1] 张勇：《雪域青山的家国情怀——云南独龙族"一跃千年"系列报道》，《光明日报》2019年5月3日。
[2] 《独龙江界务员迪志新一家三代守护界碑》，新华网，http://m.xinhuanet.com/yn/2019-12/19/c_138640132_7.htm。

此，只有对当地生态环境极为了解的中青年才能胜任。当地群众世世代代居住于此，祖辈们长期打猎、采集、捕鱼所积累的丰富生态智慧，逐渐形成"采集—打猎—种植"三位一体的经济类型，培育出特有的生态智慧、生存技能与生存空间。①这些地方性知识和能力，在现代市场经济中难以转化为资本和收入，却在国家的支持下转变为不可或缺甚至不可替代的"专业"知识与能力，有力地支持了边境国防事业，在维护边境安全、打击各类违法犯罪活动和解救人民群众中发挥了重要作用。护边员、界务员每月800块的收入，增加了边境居民的收入，也是他们多元生计的重要来源之一。而专职辅警月工资达到4327元，工作10年以上的辅警，表现优秀的可转换为事业编制人员，这让他们能够获得远比外出务工收入还要高的工资和待遇保障水平，有利促进了年轻人的本地就业。

（二）生态保护：生态补偿与公益性岗位

首先，为保护独龙江地区的生态环境，遏制因过度砍伐天然林、采集中药材、猎捕濒危动物所造成的生态环境破坏和动植物资源枯竭，独龙江乡通过村规民约和法律条例结合的方式，提升依法依规保护治理能力。独龙江乡早在2001年就开始实施退耕还林政策，并逐步形成村民公约和法律条例。2013年，制定《独龙江乡规民约》，对乱砍滥伐、偷捕盗猎、私挖野生药材等行为制定了具体处罚的办法，并给予举报者一定额度的奖励。2015年，《独龙江保护管理条例》出台，就独龙江流域的保护管理和合理开发作了明确的法律规定，推动了独龙江生态环境保护法制化进程。

其次，为了破解生态保护与群众脱贫致富之间的矛盾，补偿当地群众退耕还林、保护国家公益林的损失，保障群众的取暖、做饭等基本生活需

---

① 杜星梅：《独龙族的生计方式与生存空间——独龙族的社会生活研究》，云南大学博士学位论文，2018年。

千年一跃：独龙江畔的脱贫攻坚实践

求，国家给予当地群众退耕还林补贴、公益林补贴，并实施"以电代柴"项目，以1角/度的极低价格引导群众转变生活方式。2013年，《国家级公益林管理办法》出台，逐步建立公益林补贴制度。2020年，独龙江全乡国家级公益林面积5.85万亩，年度补偿58.5万元；退耕还林面积共3000亩，年度补偿37.5万元。当地群众原来主要靠木材取暖、做饭，每户年均使用薪柴6立方米左右。2015年，云南省安排200万元资金实施独龙江整乡"以电代柴"项目，免费给全乡1136户农户发放电磁炉、电饭煲、多功能电炖锅、取暖器、电热水壶等电炊具。2018年对全乡6个村委会26个安置点41个村民小组1232户免费发放11件套电器炊具，实现了全乡电器炊具发放全覆盖。经评估，使用电器炊具后每户年均节约薪柴3立方米，占年均每户薪柴消耗量的46.20%；全乡每年可减少薪柴消耗3408立方米，相当于保护中幼林852亩，折合标煤1946吨，减少二氧化碳排放4282吨，有效改善了独龙江的生态环境。[①] 为了降低群众用电成本，独龙江乡推行全国最低的"以电代柴"优惠电价，用电价格不分丰水期和枯水期，全年执行0.1元每千瓦时，每年至少节省电费80多万元。为引导群众改变砍伐薪柴的传统生活方式，独龙江并没有禁止烧柴，群众依然可以在独龙江河谷捡拾冲在岸边的树枝，甚至在"安居工程"实施中还为群众配建"火塘"，而是通过免费发放家用电器、推行全国最低的电价的方式，在充分尊重群众生活习惯的基础上，尽量降低他们的生活成本，引导他们在感受到现代家用电器便利性后主动适应现代生活。

再次，逐步发展起生态护林员、河道管理员、地质灾害监测员、土地规划建设环境专管员、卫生保洁员等多类型、多层次具有生态保护性质的公益性岗位，让当地群众"工作换福利"，促进了贫困农户收入增长、社区融

[①] 中共中央组织部：《贯彻落实习近平新时代中国特色社会主义思想、在改革发展稳定中攻坚克难案例·生态文明建设》，党建读物出版社2019年版，第385—386页。

入和能力提升,有效解决了贫困治理中过度依赖福利和"福利养懒汉"问题。[①]2016年,国家林业局联合财政部和国务院扶贫办联合下发《关于开展建档立卡贫困人口生态护林员选聘工作的通知》,贡山县新增建档立卡贫困户生态护林员指标3800名,符合选聘条件的建档立卡户户均一名生态护林员,实现户均年增收9600元以上。经过几年的探索,贡山县初步建立了由县大队、乡中队、村小队、管护小组环环相扣的四级"网格化"管理模式。

护林员又细分为建档立卡贫困户生态护林员、国家级公益林护林员、天保护林员等不同类型,根据群众的能力进行选聘,如护林员队长往往是村庄中对周边地形地貌、生态环境更为熟悉的中年人,负责组织护林员定期巡护,监督护林员认真履行职责。截至2020年,独龙江共有护林员483名,占全乡总人口的11.63%。换言之,独龙江乡每10人中便有1人参与到森林保护的工作中,并获得稳定的收入。为了加强对不同类别的护林员的管理,国家林业和草原局林业工作站管理总站研究起草了《生态护林员管理办法(征求意见稿)》,以求"规范全国生态护林员队伍的建设与管理,保障生态护林员合法权益,充分发挥生态护林员在保护森林、草原、湿地、荒漠等生态系统和生物多样性方面的作用"。

表4-1 贡山县及独龙江乡护林员数量统计表[②]

护林员类别	贡山县护林员数量(名)	独龙江乡护林员数量(名)
护林员队长	未区分	5
建档立卡贫困户生态护林员	3800	331
国家级公益林护林员	238	56
天保护林员	389	69
文职护林员	49	5

---

① 左停、王琳瑛、旷宗仁:《工作换福利与贫困社区治理:公益性岗位扶贫的双重效应——以秦巴山区一个行动研究项目为例》,《贵州财经大学学报》2018年第3期。
② 贡山县护林员数据,根据贡山县林业和草原局《贡山"五项"举措强化护林员队伍管理》(2020-06-10)统计而成;独龙江乡数据,根据课题组2020年10月的调研统计而成。

续表

护林员类别	贡山县护林员数量（名）	独龙江乡护林员数量（名）
站点执勤护林员	53	9
专业扑火队	未区分	5
专职驾驶员	未区分	3
共计	4529	483

为保护好独龙江流域的水质，独龙江还设置了河道管理员，负责监督沿岸污染、清理河道内垃圾、水质监测等工作。为应对独龙江流域的地质灾害，专门设置了地质灾害监测员，主要职责是清理较小的地质灾害如碎石、小型泥石流等造成的路面障碍；如果碰到大型的地质灾害，及时向上级汇报，最大限度降低灾害的损失。此外，独龙江还设置护路员和卫生保洁员，负责辖区内的道路维护和公共场所卫生。

表 4-2 独龙江乡其他公益性岗位数量统计表

其他公益性岗位类别	公益性岗位人员数量（人）	公益性岗位待遇（元/月）
河道管理员	113	800
地质灾害监测员	84	167
护路员	43	300
卫生保洁员	22	1350

虽然独龙江乡的公益性岗位工资并不高，如护林员工资大部分为线每月800元，地质灾害监测员的工资仅有每年2000元，但是公益性岗位并不需要全职工作，从事公益性岗位的当地群众，每个月只需要工作几天，可以在工作之余从事多种经营，如生态护林员的工作可以跟种植草果、粮食及养殖独龙牛、独龙鸡等农作相结合，因此公益性岗位仅作为当地群众的重要生计来源之一。同时，考虑到不同公益性岗位的工作地和职责相近，贡山县还实行"生态护林员+"模式，建档立卡贫困户在担任生态护林员的同时，还可以"兼职"护路员或地质灾害监测员，这样就能获得两份公益性岗位收入。

多样化的公益性岗位类别和数量，让当地群众以"工作换福利"的方式，实现了家门口就业增收。今年52岁的杨明英是马库村马库小组村民，她的丈夫早年去世，家里80多岁的母亲和两个小孩全靠她一人抚养。2017年，她被新增为生态护林员，每个月有800元收入。除了生态护林员的选聘，独龙江乡还成立了第一家生态扶贫专业合作社，带动合作社员通过参与生态项目建设实现就近劳务增收。独龙江乡建绿保林生态扶贫专业合作社成立于2018年12月27日，合作社成员共20人，其中建档立卡10人（户）。2019年，合作社承接的森林抚育面积共有7247亩，2019年一季度，合作社员通过森林抚育获得劳务性收入182340元，人均近10000元。[①]

三、技能型人才培养与就业拓展

20世纪50—90年代，当地群众最要紧的生计是解决温饱问题。到了脱贫攻坚阶段，当地人的生计问题已经演变为如何解决整体性和区域性的贫困问题。围绕着这个主题，生计教育自然由传授基本的劳动技术演变为现代社会背景下的职业技术培训。于是，从整乡推进整族帮扶开始，尤其是从脱贫攻坚以来，对独龙江人进行必要的职业技术技能培训成为一件十分重要的工作。但是，不同的人因为受教育水平、生活经历等原因，接受技能培训的能力有较大差异。为了让培训产生实质性的效果，而不仅是停留在面上，独龙江乡充分考虑不同人群在基础条件和发展需求方面所存在的差别，采取了类型化、差异化、精准化的方法。具体措施是，率先对那些有一定文化基础、发展意愿、社会阅历和发展能力的群众进行职业技术技能培训，帮助他们实现减贫发展，进而带动其他人。

[①] 中共中央组织部：《贯彻落实习近平新时代中国特色社会主义思想、在改革发展稳定中攻坚克难案例·生态文明建设》，党建读物出版社2019年版，第387页。

（一）差异化新兴产业技能培训

首先，在培训过程中，始终注重传统经验和生态智慧的总结和运用。独龙江的草果产业发展并非一帆风顺。2007年，县里从发展生态产业的角度出发，从省内其他地方陆陆续续几次购进了草果苗，分发给普拉底、独龙江等地进行种植。由于当时独龙江乡的交通状况较糟糕，即使克服了很大困难，最后实际只运到了两三车的幼苗，然后在巴坡村开始试着种植。当时，人们不大了解草果是什么东西，将苗或扔或种；即使是种下去的，因为不了解草果的种植技术，幼苗或是没有成活，或是被杂草杂木影响而基本上没有什么收益，当年成活率仅二三成。但是高德荣老县长在建立草果试验基地后，从靠近基地的村民和乡里的党员开始培训，手把手教他们种植草果需要掌握的技术，如靠近树木种植、需要4米间距、每年保证除草3次等。然后以同样的方法，分几批对村里的组长们进行培训。村组里领导掌握这些技术后，再对老百姓进行培训。这个时候，贡山县扶贫办、民宗局、农业局等部门想办法帮助老百姓解决草果苗的问题。由于草果种植与独龙江人过去靠山吃山的生计方式有着一定的延续性，加之其种植技术容易掌握，劳动形式相对自由，劳动强度可以承受，以及当地特别适合种植草果的生态条件，草果产业在2013年首次丰收后，就大面积地发展起来了，成为目前当地家家户户都在从事且收益较好的产业。

同样，结合当地生态条件和传统文化，通过相应的培训，让老百姓掌握更多更实用更有经济价值的技术技能，如发展生态蜂业和特色牧业等。过去，独龙江人有招养蜜蜂酿蜜的生计传统，但是，基本上处于偶然、随机、碎片化的形式。脱贫攻坚以来，当地尝试发展林下经济的立体产业发展路径，即在种植草果的同时养殖蜜蜂。这样，草果花与其他植物的花成为蜜蜂的蜜源，从而为生产出更多高品质的蜂蜜创造了有利条件；同时，蜜蜂又增加草果及其他植物的授粉，让草果挂果率增加，其他植物的繁殖更为理想。对于发展以独龙牛为代表的特色养殖业,则通过对养殖户开展品种繁育、饲养、防疫、管护等方面的技术培训,一方面让独龙牛(即贡山大额牛)的特色品种得到较好的保护,另一方面也通过适度、科学、市场化的发展方式,让其经济价值得到更好实现,从而让养殖户获取更多的收益。

其次,在培训过程中,高度重视新知识、新技术的学习和掌握。近年来,随着"整乡推进、整族帮扶"的实施,特别是脱贫攻坚以来,独龙江人又一次经历重要的转型。在此过程中,独龙江人一方面在延续其传统文化或进行转换性发展,另一方面又的的确确开始过上更有质量的美好新生活。为了更好地适应这一转型,当地在发展生态种植、特色养殖、品牌旅游等产业时,也在适时地开展生计教育方面的培训。近年来,随着独龙江草果、独龙蜂、独龙牛已经逐渐成为一系列具有一定市场效应的地理标志产品,品牌效应正在形成,为了让其进一步成长,环保、生态、高品质显然成为重要的产品要求,为此,就要让当地人懂得培育、珍惜和维护这一品牌的重要性。因此,在种植养殖的过程中,教会当地人不要轻易尝试使用农药,不能不顾当地生态的承受能力过度发展牧业。在草果种植过程中,为了减少人们的劳动强度与劳动风险,结合当地的自然条件和文化传统,已探索出生产溜索、运送管道等技术。围绕当地正在推进的品牌旅游,开展餐饮、交通运输、酒店接待、卫生保洁、乡村导游、山地导游服务方面的专业技术培训。

此外,鼓励和支持当地妇女更加注重参加以独龙毯为代表的民族工艺之交流与学习,充分利用空闲时间,编织更多精美的独龙毯,既可以适当增加家庭收入,又丰富她们的生活世界,同时还让民族文化在日常生活中得到传承和保护。在当地的工艺品中,独龙毯,又叫"约多",最具知名度。传统上,独龙毯主要是作为当地人生活中的重要物件,有着多种用途,或是作为日常生活用品的衣服被子,或是作为青年男女表达情意的信物,或是作为馈赠亲友的礼品。它是有当地种植的麻剥皮、纺线，然后按照图案编织，要经过提综、引纬、打纬等十几道工序，纯手工制作，编织者均为当地妇女。近年来，随着各种关于独龙江地区的报道的增多，外面的人才知晓独龙毯。于是，逐渐为一些热爱少数民族工艺品或民族服饰的人所喜欢，收藏、购买的数量呈较快增长的趋势，且销售价格还比较理想。在脱贫攻坚中，当地政府敏锐地发现这一可以助力减贫发展的传统文化资源。经过与一些公益组织充分沟通后，于2016年安排独龙江献九当的碧玉莲、金春花两人以种子选手的身份专程赴上海参加培训，即在传承独龙毯的传统工艺的时候，适当考虑消费者对于色彩、图案、式样、舒适度等方面的要求，打通传统与现代之间关系，实现由当地人的生活用品到外地人的工艺品之现代转换。两位种子选手培训回来后，又在乡里的安排下，将自己所学到的东西分享及传授给当地手艺人，以此来带动更多的妇女编织独龙毯。将独龙毯这一传统工艺作为一种营生来经营，作为一种社区活动来参与，使民族传统文化得到更主动、更自觉的保护与传承。

独龙毯编织好手——小陈

小陈，女，1992年生，家住迪政当，是当地网红小白的妻子，现在主要跟丈夫搞民宿。由于丈夫里里外外地忙各种事情，小陈就承担了更多的活，比如管孩子、做家务等。但是，一有空闲，小陈就要在家织独龙毯，然后用来装修民宿的房间。和村里其他女人一样，小陈十多岁就开始跟妈妈学织布。花上几年的时间，每个人都能学会。过去，大家很穷，织出来的就自己用了。现在，村里好多妇女也像她一样，一有空就在家编织。不过，其他妇女织出来的毯子，主要是卖给那些专门收购的人，一般卖几百元一条，再由收

> 购商转手卖到外边去。村里的妇女们，手脚勤快一些的，合理安排时间，一年可以编织二三十条，这也是一笔收入。小陈家场地比较宽，人又热心，和村里年龄相仿的妇女的关系处得好，所以大家喜欢来她家聊天，有时还会聊织毯子的事，或是编织的技艺，或是卖的价格，或是生活中的快乐与烦恼。现在，独龙江的旅游慢慢发展起来了，包括独龙毯在内的东西，外面的人很感兴趣，于是小陈和同伴们商量，要好好把这个手艺传下去，因为通过编织毯子、出售毯子，大家能有一笔收入。同时，有说有笑，有大小事情相互可以照应一下，日子比以前过得更实在、更幸福。

（二）自主式就业技能学习成长

随着政府对技能培训的重视，当地群众也不断意识到学习新技能的重要性。每年年初，贡山县人社部门都会询问各乡里的培训项目需求，独龙江群众会根据村庄的实际需求来填写调查表，人社部门主动链接村庄需要的技能培训。如表4-3所示，迪政当村在2020年的产业发展方向是特色种养殖和特色旅游，同时还配合新冠疫情防控而适时开展健康知识培训。

表4-3　2019年独龙江乡迪政当村培训项目需求调查表

培训项目名称	天数	金额	计划培训人数	培训地点
大棚种植培训	1	1000	10	迪政当村委会
重楼种植管理	1	15000	150	迪政当村委会
农家乐技术培训	2	3000	20	迪政当村委会
健康知识培训	1	15000	150	迪政当村委会

而脱贫攻坚以来，特别是独龙江隧道贯通后，独龙江与外界的迅速

联通与经济社会发展，以及公路、安居房等扶贫工程的实施，创生出很多新就业岗位，如运输队、建筑队等，甚至有返乡创业的青年开起农家乐、客栈，成为带货的主播。独龙江年轻人小丁、阿荣和小白的故事[①]，就是独龙江技能型人才在政府组织的多种培训和自我实践中成长的缩影和明证。

学驾驶跑运输的小丁

小丁，今年28岁，家住献九当村，父亲是村小学的病休老师，哥哥是乡里的工作人员。十多年前，小丁在贡山读高中时，哥哥也在昆明读大专。小丁高二那年，因为父亲老丁心脏不好，家里急用一大笔钱，加上成绩一般，他就回家务农了，偶尔也会到县城里打打零工。2013年，在县城通往独龙江的公路隧道快要打通时，乡里组织一群人去城里学习驾驶技术。自己需出一小部分费用，大部分则是政府支付。小丁很想去学一门实用的技术。在老丁的支持下，他与十多个本地人到城里的驾校学习。两三个月下来，他们克服了一些困难，最终都通过了所有科目的考试，取得了驾驶资格。小丁回来后，通过种草果和上山采药，慢慢有了一些积蓄。2016年，小丁在老丁和哥哥的支持下，买了一辆小客车跑运输，一般有三四万的收入。同时也种一点草果，再加上国家发放的边民补助，一年下来，全家有五六万的收入。目前，小丁已经结了婚，并育有一子，日子过得安稳、幸福。

---

① 小丁、阿荣和小白的故事，均是课题组根据调研和访谈资料整理而成。

酒店服务员阿荣

阿荣，今年30岁，初中学历，老家在巴坡村，几年前与初中同学小孔结婚，现住孔当，育有一男一女。阿荣读初中时，妈妈因意外事故离世。于是，家里的家务活主要靠两个姐姐来完成。假期中，阿荣就跟着姐姐们一起打下手，学到一些操持家务的本领。初中毕业后，大姐姐成家了，于是阿荣和二姐成了家里的主要劳动力，既要上山干一些活，也要做家务。当时，他们家日子过得紧紧巴巴，非常苦。可是，由于他们姐妹俩的勤劳，家里收拾得比较干净，与周围一些人家还是不大一样。结婚后，阿荣的老公到附近工地上干活，家里的活计就交给她了。2015年，村里干部到她家，说县里要组织一批人去城里培训，学习酒店的卫生保洁方面的东西。阿荣很想去，但担心家里孩子没人照管，还有就是学回来后不一定能找到工作，所以犹豫不决。经过与老公、大姐和二姐商量后，大家都支持她去参加培训。于是，在县里的组织下，她和另外20多位男女同伴，一起到了六库去培训。一个月后，他们基本上掌握了酒店卫生保洁的知识与技能。也就是从这个时候开始，独龙江乡旅游慢慢做起来，酒店接二连三地开起来了，这些新开的酒店需要招聘一些服务人员。阿荣因为业务做得好，又能吃苦，脾气又好，很快就被酒店招聘了，开始上班。2017—2018年，独龙江乡因为景区配套设施安装，一度中止接待游客，恢复后，阿荣又接着在酒店工作，一直到今天。现在，每月有3000元左右的稳定收入。

网红主播小白

小白，28岁，现住迪政当，父母在他很小的时候就先后去世了。他先是在姑姑家生活了几年，后来又在独龙江乡的很多村寨流浪，帮别人家看孩子、干活，吃百家饭长大。小白曾经到县里读了六年的中学。平时在学校读书，一到假期就到县城附近的各种工地上打零工，挣点零花钱养活自己。中学毕业时，考上江西的一所大专，每年需要缴纳学费8000元，因为贫困，实在交不起这一大笔钱，只好放弃了。接下来几年，做过很多工作，当过建筑工、修理工，还在独龙江上捕了几年的鱼，跟随伙伴们多次上山采药，多次给外地来独龙江的背包客做向导，等等。小白为人温和，做事踏实，还特别爱学习，一有空就通过各种渠道学习，看了很多关于中草药、饮食、文学、旅游等方面的书籍，而且喜欢琢磨一些有意思的问题，特别想通过学习来发展自己。于是，前几年，县里组织一批想做乡村旅游的人到昆明进行培训，小白抓住了这个学习机会。经过一段时间的学习后，小白初步掌握了发展乡村旅游的基本知识和方法，并积攒了一些人脉资源。回来后，他在迪政当正式开办农家乐，发展民宿。资金主要是贷款50万元，加上采药和当导游挣的钱。现在，小白自己修建了独龙族传统民居，有客房11间，开始接待游客。同时，还和湖南一家公司合作，利用直播、抖音等新媒体介绍美丽的独龙江以及当地历史、文化和社会生活，成为颇具影响力的网络红人，也是当地乡村旅游的先行者之一。

独龙江乡地处高黎贡山与担当力卡山之间的峡谷，具有独特的自然地理环境和丰富的动植物资源。目前，独龙江流域已发现高等植物1000多种、野生动物1151种，是名副其实的自然地貌博物馆、生物物种基因库、"云南旅游的最后一片原始秘境"①，是我国原始生态保存最完整的区域之一。而高黎贡山国家级自然保护区是云南面积最大的自然保护区，也是举世瞩目的生物多样性保护关键区，2000年被联合国教科文组织批准为世界生物圈保护区，随后作为三江并流的重要组成部分，被列入世界自然遗产名录，在中国乃至全球生物多样性保护中，具有十分重要的地位。

党的十八大以来，生态文明建设的地位和作用更加突显，特别是习近平总书记提出的"两山论"为生态环境脆弱、经济社会发展水平滞后的边疆地区发展提供了理论指引。围绕着减贫发展这个中心任务，独龙江乡经过长期探索，寻找到了草果这一最佳的产业，并拓展到重楼、独龙牛、独龙鸡等特色种植和养殖业。独龙江乡依托丰富的观光资源，成功申报4A级旅游景区。通过生态护林员、巡边护边员等公益岗位，当地群众将独龙族的生态知识转化为新的生计来源，增强了"建设好家乡、守护好边疆"的能力和信心。这种充分尊重当地生态、社会结构和生存伦理的现代化进程，将西部深度贫困地区的发展与国家重点生态保护功能区的生态修复、保护有机结合，将少数民族繁荣发展与边疆地区稳定有机结合，将国家层面的生态补偿、就业致富与独龙江群众劳动技能提升、内生动力增强有机结合，真正实现了"在保护中发展，在发展中脱贫"，是脱贫攻坚与生态文明结合的当代实践、生态多样性与可持续减贫的典范。

---

① 中共中央组织部：《贯彻落实习近平新时代中国特色社会主义思想、在改革发展稳定中攻坚克难案例·生态文明建设》，党建读物出版社2019年版，第383页。

第五章　发展型社会保护

　　2019年春节期间，迪政当村的青年木金辉用手机在网上购买了一台小钢琴。这看似平常的网购行为，放在千百年来与世隔绝、学校教育一片空白、群众不知普通话为何物的独龙江乡，便具有了特殊的意义。木金辉的父母，一个是村小的代课老师，一个是普通的农村妇女，却培养出三个大中专学生：长子木金辉，就读于西南林业大学音乐学专业；次子木金智，就读于云南民族大学民族学专业；三子木金龙，毕业于云南民族中等专业学校，已经成为贡山县武装部的职工。木家三个儿子"鲤鱼跳龙门"的励志故事，在独龙江畔广为流传。

——第十三届全国人大代表马正山

通过多元化在地生计，独龙江乡群众获得了通过发展"生态经济"来享受现代文明的机会。市场经济的繁荣也带来两个方面的严峻挑战：第一，在经济社会生活的市场化转型过程中，拥有不同发展能力的群众会获得差异巨大的发展结果，贫富分化问题会导致原先相对均质的社会"撕裂"；第二，那些容易遭受发展风险的群众，特别是老人、妇女、儿童、残疾人等弱势群体，会因为无法支付保障成本而被发展"抛弃"。脱贫攻坚与巩固提升阶段日臻完善的公共服务与社会保障体系,充分发挥了"社会保护"[①]的作用,保障了当地群众的"可行能力",即"实现各种可能的功能性活动组合的实质自由"[②]。

本章旨在通过对独龙江乡群众享受的公共服务与社会保障体系的描述,分析社会保护政策从"救济型"向"发展型"的转变,对于当地群众斩断穷根、享受基本权利、提升人力资本方面的重要意义。面向边疆少数民族的倾斜性教育支持与资助政策,保障了当地群众的子女们的受教育权,提升了整体的人力资本,是为可持续减贫的根本;区域医疗卫生服务体系质量提升,与全面覆盖的就医"四重保障",降低了群众因病致贫返贫的风险;面向老年人、妇女、儿童、残疾人等弱势群体的多样化福利供给,织密了社会政策的"底网",确保脱贫路上"一个都不能少"。

一、教育资助与受教育权保障

习近平总书记指出:"扶贫必先扶志。让贫困地区的孩子们接受教育,是扶贫开发的重要任务,也是阻断贫困代际传递的重要途径。"[③]在脱贫攻坚中,教育是"三保障"的重要组成部分,既是需要解决好的民生事务,又是实现减贫发展的重要路径。在独龙江乡的反贫困过程中,通过探索包括教育扶贫在内的多种减贫发展方法与路径,当地取得十分可观的减贫成效,更为重要的是,当地人的发展能力得到真正提高,降低了致贫或返贫的风险,为可持续减贫打下了良好的基础。

[①] 唐钧:《社会保护的历史演进》,《社会科学》2015年第8期。
[②] [印度]阿玛蒂亚·森:《以自由看待发展》,任赜、于真译,中国人民大学出版社2012年版,第62页。
[③] 习近平:《给"国培计划(二〇一四)"北师大贵州研修班参训教师的回信》(2015年9月9日),《人民日报》2015年9月10日。

（一）乡村基础教育体系的保留、恢复与延伸

历史上，当地没有文字，只能靠木刻、结绳记事，生活技能靠老一辈口耳相传。1949年以前，占贡山县面积约44.25%的独龙江的整个土地上，根本不存在所谓学校。1952年，独龙江群众与解放军携手建立独龙江乡第一所小学——巴坡完小，简易的茅草房校舍，成为当地现代教育的开端。1969年，独龙江乡中学开办初中班，1979年停办，10年时间仅招生8个班，培养毕业生209名。虽然独龙江乡的教育水平在不断提升，但是始终难以破解基础教育薄弱的难题。2009年，独龙江乡村民人均受教育年限仅为4.7年，文盲率达33.07%，与2010年第六次人口普查全国文盲率4.08%相比，高了近30个百分点。

围绕着对人的能力培养和提升这个中心任务，贡山县在过去一段时间里特别是在脱贫攻坚以来，在此前的办学基础上，充分结合独龙江当地的实际情况，以更加务实、灵活的态度和科学、合理的理念办学，解决了深度贫困地区、偏远地区的教育可及性难题。概括起来，主要是从延展学段、兴建学校和调整布局等方面开展工作的。

第一，在此前的办学基础上，发展中学教育，保障当地群众"在家门口"受教育的权利。2015年，独龙江恢复九年一贯制初中招生并延续至今，保障贫困农户就近接受教育的权利。这样的决心和共识，源于独龙江中学的"起起伏伏"历史。[1]1979年，县里对中学布点进行压缩，贡山四中、五中（茨开附中）停止招生，并入贡山一中，教师随调该中学，初中生源由一中负责。当年，独龙江乡到贡山一中所在地的城里茨开镇的公路尚未修通，学生们靠走路进城，单程就要八九天，艰辛无比，险象环生。并且，由于高黎

---

[1] 陶天麟：《贡山独龙族怒族自治县教育志》，云南民族出版社1995年版，第87—92页。

贡山每年有半年左右的时间大雪封山，独龙江乡进城读书的学生们在寒假时根本不可能回家，无奈只能住在学校或城里的亲戚朋友家，只有暑假才有机会回家一趟，有些学生一年能回家一次，有些学生甚至一年也未必能回家一次。基于这样的原因，2006年，独龙江重新开办初中，即在中心完小的基础上发展成九年一贯制学校，当年新招七年级学生113名。2012年，随着集中办学的全面推进，该校初中部又一次被撤并到贡山一中，此前的困难再一次出现。"2013、2014年，当时大雪一封山，在县里面上学的孩子就跑回来了，当时跑回来的有100多个，县教育部不断往我QQ邮箱发回家的学生名单。我说这不是办法，就赶紧策划了初中部，然后跑到村里面让老百姓摁手印，打了报告上去，后面就把初中恢复了。"[①]2015年，独龙江又恢复初中招生，并延续至今。

第二，兴办幼儿园，积极发展学前教育，切实解决幼儿入园的难题，助力当地人减贫发展。在相当一段时间里，受方方面面因素的影响，独龙江乡连初中的办学都举步维艰，缺乏连续性、稳定性。在这种背景下，对当地幼儿开展学前教育，是一件很难做到的事情。当地教育部门也曾尝试过，但由于条件尚不完全具备，很快就被迫暂停了。1990年，独龙江中心完小增设一个学前班，试图探索发展学前教育的路子。但是，1992年就因发生火灾而停办。后来，当地人几次想继续开办学前教育，但囿于人力财力物力方面的限制，还是没有办成。直到20多年后的2013年，这个理想才变成现实。精准扶贫开始实施后，在国家和地方的共同努力下，通过凝结共识、争取投入、汇聚力量和整合资源，最终在独龙江中心校的基础上拓展出乡中心幼儿园，并于2013年11月正式开班，开启了当地学期教育正规化、系统化办学的历程。经过这些年的发展，该园目前设有大中小三个班，55名幼儿入园接受幼儿教育。从2015年以后，又陆陆续续地在马库、龙元、巴坡、迪政

---

① 根据2020年10月7日访谈时任独龙江乡党委书记余金成录音整理而成。

千年一跃：独龙江畔的脱贫攻坚实践

当和献九当 5 个村开办村级幼儿教学点，以满足村里孩子入园的实际需要。

第三，根据当地人的实际需要，适当调整学校布局，最大限度实现教育资源均等化，以实际行动支持减贫行动。经过几十年的发展，到 21 世纪初，独龙江乡的大多数村设置了小学。但受困难的交通、短缺的经费和有限的师资等多种原因的影响，办学水平不高。也正是在这个时期，很多经济欠发达的地方、特别偏远贫困的地方，相当一部分是通过拆点并校、集中办学的方式来解决乡村教育中的资源利用和水平提升方面所存在的问题。① 客观地看，当时这些做法自然有一定合理性、必要性，然而，由于相关配套措施未完全到位并发挥应有的作用，这一制度安排又带来了一些不容忽视的新问题，诸如小学低年级学生的亲情关爱缺失问题，学生们往返家校的时间成本和经济成本加大问题，交通安全风险增加问题，等等。这些问题在独龙江的村庄里同样也存在，甚至还相当突出。比如，从北部的迪政当村、南部的马库村到乡里，单程至少也需两三个小时。如果学生要到乡里上学，的确享受好一些的教育资源，可是学生们上学的便利程度、实际支付的成本、与家长情感交流的机会和程度等方面都受到很大的影响。或许，在自然地理条件较好、经济发展程度较高的地方，这些影响不是那么紧要，然而对居住在深度贫困地区的当地人来说，则是实实际际摆在眼前的困难。基于此，从脱贫攻坚以来，在以人为本的前提下，因地制宜，合理调整学校布局，既注重教学资源的合理运用、教学水平的实质性提升，又注重对上述问题的解决。于是，在重点发展乡级中心学校的同时，又从 2015 年开始逐渐恢复马库、龙元、巴坡和迪政当这几个村教学点的办学，让孩子们在家门口能够接受教育。

目前，独龙江乡共有 20 个教学班，学生 818 名，教师 108 人。其中，乡中心校为九年一贯制学校，有 15 个教学班，学生 559 人，包括小学生

---

① 单丽卿：《"强制撤并"抑或"自然消亡"？——中西部农村"撤点并校"的政策分析》，《河北学刊》2016 年第 1 期。

372 人和初中生 187 人。其余学生则在设置在巴坡、龙元、迪政当等村落里的教学点接受教育。另外，还有 180 名幼儿在 1 家乡级幼儿园和 5 家村级幼儿园接受学前教育。①

表 5-1 独龙江乡教育基本情况统计表

学校名称	教师（人）	学生/入园幼儿（人）	义务教育班级数/学前教育班级数	学年/入园时（年）	校舍建筑面积（平方米）	开办时间（年）	办学调整（是/否）撤点并校	办学调整（是/否）缩减规模	重新启用时间（年）
独龙江乡中心校、幼儿园	84	559/55	15/3	1—9/1—3	4084	1953①2006	是	否	2013
巴坡教学点、幼儿园	4	15/29	1/2	1—2/1—3	550	1956	否	是	2018
献九当教学点、幼儿园	4	0/37	0/2	0/1—3	571	1956	是	是	2019
龙元教学点、幼儿园	6	34/15	2/1	1—3/1—3	502	1956	否	是	2017
迪政当教学点、幼儿园	8	42/31	2/2	1—3/1—3	1228	1959	是	是	2018
马库教学点、幼儿园	2	0/13	0/1	0/1—3	1354	1965	是	是	2015

（二）对独龙江的教育支持、倾斜与帮扶

针对独龙江的特殊情况，各级教育部门及多种社会力量形成合力，通过支持、倾斜、帮扶的方式办学，推动了深度贫困地区、偏远地区乡村教育实现跨越性发展。而群众受教育水平的提升，又为独龙江乡实现可持续减贫提

---

① 现在的独龙江乡中心校，其创办历史可以追溯至 1953 年的孔目小学。1956 年独龙江中心完小即巴坡小学成立，办学地点主要在当时的乡政府驻地巴坡村。2003 年，独龙江乡政府搬迁到目前的孔当村，乡中心完小随迁。2006 年，在中心完小的基础上开始初中办学。2012 年，初中暂时停办，但很快于 2013 年恢复初中的招生，直至今日。

供了人力资源保障。

在独龙江乡这种特殊的地方发展教育,首先需要做的就是真正解决办学过程中在硬件和软件方面所面临的突出问题。2010年,在硬件方面,独龙江乡的中心学校和村级学校与城里的贡山一中、茨开小学相比较,至少有10年以上的差距;与县域内同类学校相比较,也有五六年的差距。从2010年到2017年,在独龙江实施整乡推进整族帮扶和脱贫攻坚的过程中,乡村教育办学条件的改善和提升始终是作为一件重要的事务来完成的。依靠国家的财政投入,全乡高标准高质量地完成了1所九年一贯制学校、1所乡中心幼儿园和3所村级教学点、幼教点的建设,以及2所教学点、幼教点的修缮、改造,实现了从无到有、从有到全、从全到优的实质性提升。具体成就包括:建成了学生食堂3幢、教学楼2幢和住宿楼2幢,完成九年一贯制学校风雨棚运动场的建设;全乡学校占地总面积达23700平方米,生均38.98平方米,校舍总面积13300平方米。其中,九年一贯制学校占地面积为8700平方米。该校设有初中部高配置实验室三间,初中、小学计算机室各一间共有85台电脑,图书馆一间有图书25657册;有24套多媒体一体机白板教室,录播室一套;教具、实验器材、体育器材根据二类学校的要求配备,充分满足正常教学的需求。

在师资方面,受自然地理和经济发展等诸多因素的制约,长期以来,独龙江乡学校教育面临教师数量严重不足,教师学历较低,教学质量不高和教育产出较少以及稳定性较差等问题。据统计,截至2006年,整个独龙江乡依然没有一名大专及大专以上学历的教师,70%左右的教师是中师、中专毕业生,30%左右的教师则是临时聘请的初高中毕业的代课教师,且稳定性不高。围绕着如何解决师资方面所存在的以上突出问题,脱贫攻坚以来,贡山县通过多渠道、多途径来支持、帮扶独龙江乡的乡村教育的发展。

独龙江乡解决师资的主要做法

一是人才引进。从2012年到2014年，贡山县针对教师短缺的特殊情况，专门召开工作会议，制定紧缺人才方案，以从优从快的方式从省内外师范院校引进40余名专科以上的优秀毕业生来从事教学工作。在这批引进的人才中，专门安排11名来自云南师大、玉溪师院等校的优秀毕业生到独龙江乡从事一线教学工作。

二是特岗教师招聘。国家特岗计划实施以来，贡山县充分运用这一政策，招聘了约110名品学兼优、热爱教学的大学毕业生来县内工作。根据特岗计划的要求，这些特岗教师都安排在乡镇的教学单位。其中，共有34名来自北京航空航天大学、云南大学、西北民族大学、云南师范大学等省外内高校的优秀大学生在独龙江乡的中心学校和迪政当等教学点工作。重要的是，这些特岗教师聘期满且通过考核以后，基本上都留在当地工作了。

三是组织教师参加培训。为了进一步提高教师的教学水平，当地充分利用国培计划、省级培训、州级培训和网络培训等平台或资源，组织教师们参加培训。据不完全统计，从2013年以来，独龙江乡先后共有500人次参加培训，每年全员轮训一次。

四是支持教师进行交流。近五年以来，积极争取和利用各种机会，选派十余名一线教师到上海、珠海、昆明等地与示范性中小学的骨干教师进行访学、交流，学习发达地区先进的教学理念和优秀的教学方法，比较、消化、吸收，并结合独龙江乡的实际情况，再运用到实际的教学中去。

五是与云南大学研究生支教合作。通过云南省教育厅和怒江州的协调，云南大学与独龙江乡开展实践教学基地建设和研究生支教行动。从2014年开始，云南大学定期组织师生到独龙江见习、实习、考察，在第一个合作期内每年安排4—5名研究生在独龙江进行一年以上的支教行动。目前，第一个合作期已经圆满结束，共有来自云南大学的28名研究生到独龙江参加支教。

六是县城中小学教师提拔、晋升前锻炼。相对于乡镇中小学的师资而言，城里的贡山一中、茨开小学的师资要好一些。为了支持乡村教育的发展，当地教育部门从2013年以后，就出台相应的政策，鼓励老师到乡镇工作一定年限，作为职称晋升、岗位调整的重要条件之一。该政策实施以来，约有8名来自贡山一中、茨开小学等学校的骨干教师到独龙江乡进行了为期一年以上的交流工作。这种做法，既让参与此项工作的城里中小学老师得到了历练，也在一定程度帮助独龙江乡提高师资水平。

七是鼓励当地老师提升自己的学历。近10年来，随着独龙江乡通往县城的隧道贯通和电信、移动网络的开通，当地与外界的联系得到了根本的改善。正是有了这个条件，当地一些教师可以较此前更为方便地通过自学考试渠道进行学历提升。据不完全统计，从2012年以来，独龙江乡有8位老师通过自学考试，实现了从中师、中专学历到本科的提升，3位实现了从专科向本科的提升，3位已经不同程度地通过本科阶段的科目考试，其中1位即将毕业。

经过一段时间的政策支持和行动举措，独龙江乡的师资得到了较大的提升。2020年，该乡108名教师中，专任教师78名，专任教师合格率100%。本科及本科以上学历29名，专科学历38名；州级骨干教师1名，县级骨干教师3名。

其次,在大力改善和提升软硬件的同时,贡山县还对学前教育、义务教育和普通教育三个阶段的学生实行14年的资助的惠民政策,并对进入中职院校或大专院校学习的当地学生进行一系列的帮扶,从制度上杜绝了因学致贫现象的出现。独龙江乡整乡推进独龙族整族帮扶项目启动之后,独龙江乡构建起了从学前到初中的教育体系。截至目前,全乡6个村委会教学点实现全覆盖,适龄儿童入学率达100%,初中阶段毛入学率达100%,巩固率达100%。在以上诸多政策举措的促进下,脱贫攻坚以来,独龙江乡的教育在办学条件、师资水平、教学质量、教育产出等方面发生了根本性的变革(见表5-2)。

表5-2 2015—2019年独龙江乡与县内其他乡镇中小学学年成绩比照表

年份	乡镇	平均分			优良率(%)		
		三年级	六年级	九年级	三年级	六年级	九年级
2015年	其他乡镇	147.72	243.89	—	36.85	11.91	—
	独龙江乡	127.57	191.06	—	20.8	5.71	—
2016年	其他乡镇	145.44	269.12	306.4	38.2	29.39	7.5
	独龙江乡	98.07	216.76	257.07	6.32	5	1.69
2017年	其他乡镇	146.49	295.3	357.8	39.37	50.1	17.9
	独龙江乡	150.05	240.8	294	43.59	28.3	8.5
2018年	其他乡镇	135.53	286.55	373.7	29.05	34.94	6.3
	独龙江乡	128.8	246.03	275.3	22.35	15.79	1.2
2019年	其他乡镇	151.93	291.82	350.1	52.41	38.79	11.37
	独龙江乡	167.96	232.31	318.48	73.58	10.77	4

由表5-2可知,2015年,独龙江乡的三年级、六年级平均分,分别比其他乡镇低约20分和约52分;2017年,独龙江乡三年级学生的平均分首次超越其他乡镇;到2019年,独龙江乡三年级的平均分甚至比其他乡镇高约16分。2015—2019年,独龙江乡三年级学生的优良率从20.8%增长到73.58%。与此同时,越来越多的独龙江乡学生通过读书考上大中专院校,

2015—2020年，独龙江乡大中专院校录取人数从31名不断增加，最高的2016年录取了47名学生（见图5-1）。目前，独龙江乡已经有3名博士研究生、2名硕士研究生、29名本科生。

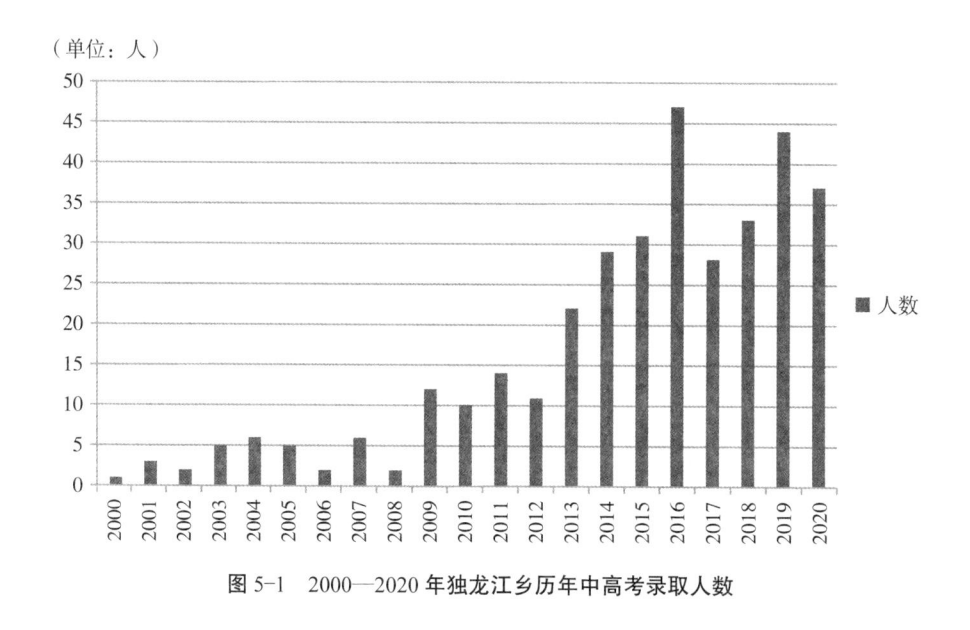

图5-1　2000—2020年独龙江乡历年中高考录取人数

（三）"家校合作"式"大教育"理念、行动与成效

独龙江中学还充分把握家校合作之契机，拓宽社区教育的路径，以此来增进人们对于教育的认知，从而更好地支持子女的教育与发展，也为社区的可持续发展提供重要的动力支持。

第一，学校、社会、家庭共同合力，密切合作，深层互动，对学生进行交通安全知识培训。从2015年开始，随着高黎贡山隧道的开通，进入独龙江乡的各种车辆呈大幅度上升的趋势，这使得当地人与外界的联系更为便利了。然而，由于一些百姓不了解交通运输规则和安全出行知识，发生了一些令人惋惜而痛心的交通事故以及相关的纠纷。于是，交通管理部门通过协调学校、村委会，对在读中小学生和从事生产劳动的老百姓尤其是一些喝酒后喜欢到处行走的中老年人,进行必要的交通安全知识普及,经过多次细心的工作,初步达到了预期的效果。

第二,通过"家校合作",将学校教育延伸至社区、家庭,增强当地群众对于教育的重视和支持。当地政府又和学校商量,尝试进行家校合作,由学校和社区共同开展教育教学改革,既支持学校的教育教学改革,又丰富社区教育的形式和提升学习的效果。几年下来,目前已经形成一些较为成熟的做法。一是每学期至少开展一次家长入校陪同孩子学习生活一天,包括参观学校、旁听教学、参加学校义务劳动、陪孩子就餐、晚上照看孩子就寝等环节。二是每年至少开展一次由老师、家长和学生共同参加徒步远足活动,其目的是让学生走进自然,了解自然,亲近自然,增长知识,热爱生活,锻炼意志力。三是每年至少举行一次专题报告会,邀请家长们走进校园,聆听专家们关于青少年心理健康、亲情关爱、学习方法、安全教育等方面的报告,从而与学校携起手来,共同担起更好地呵护孩子、关爱孩子、培育孩子的责任。

由于这些做法有内容、接地气,老师们和家长们都乐于参与并表示均有所获益。肯梅,一位土生土长的年轻独龙族女干部,既是乡里分管文教卫工作的副乡长,也是一位孩子在乡里就读的家长。在调研中,围绕着家校合作这种教学活动,她饱含深情地讲道:

> 家校合作,一开始的设想原本是把家长们邀请来学校,与老师一起,关心自己家娃娃的学习和生活。在开展过程中,娃娃们受到大人们的关心,学习更认真了。家长们通过参加这些活动,不管是在学校同吃同住同劳动一天,还是与老师一起带娃娃出去走走看看,还是在学校听各种报告,其实也是自己在接受教育。我作为家长,两次全程参与了活动,跟自己的娃娃在学校呆上一整天,看老师怎么教、学生怎么学,又是怎么一起生活。我认为,通过这种活动,一方面是提醒家长,培养娃

娃是大家的事，而不是送到学校交给老师就什么都不用管；另一方面就是让家长们学一下在家里应该怎么教育娃娃，而不是不管不问，或简单粗暴地批评。事实上，这些年，家长通过参加这些活动，他们的觉悟得到提高，也更加支持孩子们上学了。孩子们学习好了，家长们越有奔头了，越想把该做的事做好了。①

通过教育扶贫，让独龙江乡学生走出独龙江，接受高等教育，这是斩断贫困恶性循环的治本之策。独龙江乡教育扶贫的成效，表现在学生成绩和入学率的提升，更表现在家庭对于教育的观念之变。2006年，考入中央民族大学的独龙族女孩高琼仙曾做过一次问卷调查，村民大多认为孩子"读到初中就够了"。如今，情况发生大转变，越来越多的人意识到了读书的重要性。特别是独龙江中学推出的"家校合作"，通过让家长"体验"学生生活，有效促进了他们对于现代教育的理解和重视：

2016—2018年，我们搞了"大手拉小手"的"家校合作"。每个季度，我会在每个村选3—5个家长代表，6个村就是一二十个。我让他们在学校里面待7天，跟学生同吃同住同劳动，让他们感受一下学校里面的孩子是怎么学习的，这就是让他们跟学生一起睡、一起吃饭、一起打扫卫生、一起学习，让他们感受到老师有多艰苦。他们回去以后，一个村一个村地就传开了：原来教育这么重要。2017年以后情况明显改善，家长重视教育以后，辍学的学生就少了，现在是零辍学，孩子的学习环境也更好了。每次孩子放学，父母都开车或找车来接，不存在孩子找不到父母或者自己走回家的了。他们会把孩子打扮得漂漂亮亮、干干净净的，原来一些对孩子不管不问的，现在都说是孩子自己

---

① 根据2020年10月8日访谈时任独龙江乡政府肯梅副乡长录音整理而成。

心爱的宝贝了。①

二、医疗卫生服务质量全面提升

基本医疗保障是生命质量的重要保证，也是经济发展的重要保障。因病致贫、因病返贫是很多贫困人口长久陷入贫困泥潭的重要原因，被视为扶贫反贫工作中的"硬骨头"。"因病致贫、因病返贫"可以理解为，贫困人口因无法享受医疗卫生服务而导致可行能力被剥夺的结果。健康扶贫，正是通过国家系统推进基本医疗保障，改善贫困人口的医疗卫生服务可及性和服务质量，提高贫困人口的可行能力。独龙江乡的现代化进程开启较晚，医疗卫生服务体系较为薄弱。对此，1969年出生于龙元村，现任独龙江乡中心卫生院院长的黎强记忆极为深刻：

> 那时候，每年总有很多人死去，有刚出生的小婴儿，有十月怀胎的妇人，也有年轻人，更多的是父亲一样的中年人、老年人，有的是因为疾病，有的被毒蛇咬伤，有的外出采药、打猎摔下悬崖。女人生孩子顺利的，走在路上或者下地干活的时候孩子就出生了，但那些不幸难产的妇女，要么生完孩子大出血死亡，要么孩子窒息而亡，一尸两命的时候也有，惨不忍睹。独龙江每个村子都有巫师，却几乎没有医生，偶尔进来一个巡诊的医生也是来去匆匆。不封山的时候还好，可以千辛万苦地出山去看病，大雪封山的半年里，有了病也只能挨着。②

---

① 根据2020年10月7日访谈时任独龙江乡中心学校校长杨四洋录音整理而成。
② 李玉梅：《独龙门巴：黎强》，2020年10月。

虽然独龙江的基本医疗卫生服务体系也在不断优化，但是受限于经济发展水平、人口数量、群众健康素养等，独龙江乡乃至贡山县与其他地区的医疗保障的差距却难以缩小。在脱贫攻坚期间，专门针对健康扶贫进行了系统部署和安排。2017年《云南省健康扶贫30条措施》出台，将健康扶贫政策落地。建设与改造标准化乡镇卫生院和村卫生室，提升乡村医生待遇，解决了群众"看病难"的问题，提高了医疗卫生服务可及性；健康扶贫"四重保障"，解决了群众"看病贵"的问题，让群众"看得起病"；医疗卫生服务质量提升，则让群众"方便看病"，解决医疗卫生服务不均衡的问题。

（一）医疗卫生服务可及性障碍的系统消除

独龙江乡高山峡谷地形导致的相对封闭状态，是其他可及性障碍的根本原因，不但严重阻碍着国家医疗卫生服务的可及性延伸，也阻滞着独龙江乡群众的求医道路。在独龙江隧道未贯通时，到贡山县要翻越海拔3000米的高黎贡山垭口，步行需要3天的时间；即使在1999年独龙江公路通车之后，到贡山县也需要整整1天时间。由于路途遥远且艰险，当地群众到贡山县就医难比登天。整乡基本处于与世隔绝的状态，有12个自然村不通公路，31个自然村不通电，31个自然村存在饮水困难，没有邮政所和金融服务机构，当年还有孕产妇送不出来急救的情况："当时有个产妇生不下来，我们坐车到垭口，然后走路进去，路上还要爬山，给她做剖宫产。我们是千方百计，冒着生命危险去救。"[①]因此，脱贫攻坚期间健康扶贫的核心工作便是提高独龙江整体上的医疗卫生服务可及性，而非仅对因病致贫的农户进行大病救助。

首先，利用脱贫攻坚期间的退出标准和超常规投入，改善基础条件，

---

① 根据2020年9月29日访谈贡山县人民医院院长吴小平录音整理而成。

提高医疗卫生服务的空间可及性。独龙江公路高黎贡山隧道贯通后，通村硬化路、通组硬化路和生产便道建设进程加速推进。独龙江乡通过实施安居工程，将分散在高山深处的村民集中安置到河谷地区，并在每个行政村新建一所标准化村卫生室，每个村均配备至少1名村医，使得群众在看小病、拿药时不必出村，就近即可享受基本公共卫生服务，极大提高了空间可及性。道路的硬化，与汽车、摩托车等现代交通工具一起，极大缩短了当地群众的就医时间。表5-3对独龙江乡通村公路建成前后，群众到中心卫生院就医的时间进行了统计。以独龙江乡最北端的迪政当村木当小组为例，公路修通前群众步行到独龙江乡中心卫生院需要两天半的时间，现在驾车或乘坐乡村客车仅需要1个小时的时间。此外，贡山县人民医院、独龙江乡中心卫生院以及对口帮扶单位珠海市金湾区的医务人员等，还在卫生院、村卫生室开展义诊活动等，进一步提高优质医疗服务资源的下沉和可及。

表5-3 独龙江乡六个村到中心卫生院的距离统计表

	迪政当	龙元	献九当	孔当	巴坡	马库
村最远小组距乡中心卫生院的距离（千米）	38	18	9	1	18	32
村最远小组到中心卫生院的时间（公路未通，步行）（天）	2.5	1	0.5	0.1	1	2
村最远小组到中心卫生院的时间（公路已通，驾车）（分）	60	25	20	5	32	60

其次，落实《云南省健康扶贫30条措施》，为群众提供"四重保障"，提高经济可及性，斩断"因病致贫"的"病根"。2017年，《云南省健康扶贫30条措施》出台，其中第一条"落实四重保障措施，让建档立卡贫困人口'看得起病'"便是提高群众经济上的可及性。独龙江乡建档立卡贫困户不但享受"参加基本医保个人缴费部分由财政全额补贴"政策，而且能够享受医疗费用的"四重保障"：基本医疗保险、大病保险、医疗救

助和医疗费用兜底保障,最终自付比例不超过10%。同时,健康扶贫还对患有儿童白血病、儿童先天性心脏病等9类15种大病的建档立卡贫困患者进行集中救治,做到"一人一档一方案";2019年救治病种数量增加到32种。截至2020年8月31日,独龙江乡大病集中救治6人,慢性病共管理235人(高血压179人,糖尿病17人,肺结核15人),其中建档立卡户138人。

此外,贡山县还探索实施"先诊疗,后付费"服务模式和"一站式"即时结报制度,优化就诊流程,简化报销流程,保障群众的健康权。独龙江乡中心卫生院、贡山县人民医院均于2017年9月1日启动实施"先诊疗,后付费"诊疗服务模式。通过先诊疗后付费模式的改革,群众就医不用先预缴押金,对于深度贫困的患者,经申请可在诊疗结束后分期缴纳住院费用。截止到2020年9月,全县受益农户2804人次,报销医疗费用1359.59万元,报销比例达到90%,大病集中救治118人。

健康扶贫避免农户家庭陷入贫困

献久当村迪兰小组的布晓妹,由于心脏瓣膜病,二尖瓣脱垂并关闭不全,于2017年6月13日在昆明医科大学第一附属医院进行手术治疗,后续多次在昆明医科大学第一附属医院及云南省肾脏病医院多次住院治疗,总费用10.98万元,基本医疗基金报销5.66万元,大病医疗报销1.97万元,医疗救助补助2.824万元,合计报销10.45万元,自付0.53万元。高额的住院费用差点让这个刚刚脱贫的家庭打了退堂鼓,但通过健康扶贫政策倾斜,布晓妹顺利做了手术,现在,她恢复得很好,可以分担一些家务,在一家人的努力下,守住了脱贫成果,为下一步致富打下了基础。

（二）医疗卫生服务质量的持续、立体提升

脱贫攻坚期间，健康扶贫不仅通过"四重保障"解决群众看病难、看病贵的问题，还要让建档立卡群众"看得起病""方便看病"，而且强调要让群众"看得好病"，解决医疗卫生服务不均衡的问题。2015年，独龙江乡中心卫生院院长黎强邀请上海医师志愿者联盟[①]的志愿者参观了卫生院。市东医院的陈维华医师被眼前的一幕惊呆了，大加感慨："真没想到，这里的医疗条件甚至还不到上海上世纪60年代的水平！"[②] 之后，独龙江乡对整个医疗卫生服务体系质量进行了持续、立体的提升。

首先，"县—乡—村"三级医疗卫生机构软硬件全面改造升级。在脱贫攻坚期间，贡山县人民医院每年有600万左右的设备投入，在2017年升为二级乙等医院。独龙江中心卫生院也对全院的硬件进行了改造升级。现在，卫生院有房屋4幢，建筑面积约2679平方米，编制病床20张。为方便服务群众，中心卫生院还配有两辆救护车。卫生院设有全科医疗科、内科、儿科等10个职能科室。医院还配置了与业务需求相适应的设备，如彩色B超机、DR等。独龙江乡6个行政村卫生室，也按照贫困退出标准建设，卫生室建筑面积均在60平方米以上，实现四室分设（药房、治疗室、诊断室、公共卫生室）；村卫生室基本医疗设备、基本常用药配备齐全，有80多种基本药物，可以开展正常诊疗和公共卫生工作。巴坡村村医孟文新介绍了2007年至2017年村卫生室的变化：

> 2007年搬到这里。那时候的医疗设备没有这么多，只有听诊器、血压器、体温计这"老三样"。大部分都是看门诊，预防接种、孕产妇

---

① 上海医师志愿者联盟，由上海青年志愿者协会牵头，上海长海医院创伤骨科副主任苏佳灿发起成立。

② 李玉梅：《独龙门巴：黎强》，2020年10月。

管理这些服务也陆陆续续开展起来了。2017年的时候，房子又不够用了，所以又建了这个标准化村卫生室，增加了吸氧器、洗胃器等设备。现在我们还有一次性血糖仪、小孩的血红蛋白测量仪，都是脱贫攻坚以后才有的。①

此外，脱贫攻坚期间，有怒江州人民医院、昆明医科大学第一附属医院、云南省第一人民医院（昆华医院），以及珠海市金湾区卫健局、医院的医务人员对独龙江对口帮扶。医疗帮扶，主要采用"组团式"帮扶形式，帮扶医院定期选派专家驻独龙江中心卫生院，进行专家坐诊、临床诊疗指导、医院管理及巡回义诊等活动，并接受乡卫生院的医务人员到帮扶医院进行住院医师、专科医师或进修学习。

（三）基层医疗卫生人员的待遇与能力提高

脱贫攻坚期间，贡山县除了提升"县—乡—村"三级医疗服务机构的软硬件设备，加强科室建设，还从"吸引、留住、培训"医疗服务人才三个方面，提高医技人员的工资水平和保障待遇，加强对医技人员的专业培训，优化医疗卫生内部结构。特别是乡、村基层医疗卫生服务人员的待遇和保障的大幅度提升，不但让他们能够安心地在基层工作并获得体面的生活，而且吸引了越来越多贡山县以外的医疗人才下沉服务，保障了医疗卫生服务的"最后一公里"。

第一，在国家"西部农村订单定向免费医学生"的支持下，加强贡山县、独龙江乡的医疗服务人员储备和更新。这一制度从2010年开始，重点是为乡镇卫生院及以下的医疗卫生机构培养从事全科医疗的卫生人才。

---

① 根据2020年10月4日访谈巴坡村村医孟文新录音整理而成。

第五章　发展型社会保护

> 我对独龙江的医疗卫生的未来非常看好，因为国家实施了西部农村订单定向免费医学生培养，我们独龙江已经定了14个人，其中3个大专、11个本科。今年有一个中医专业毕业已经进了独龙江中心卫生院，他有执业医师资格证；明年有3个人到位；2025年这14个人全部到位。那时候独龙江乡中心卫生院的医务人员全是本科以上的，未来独龙江的医疗发展，就是靠这一批人去奋斗、去努力。2018年，乡村医生的待遇每个月一下子增加了2000块钱，据我所知，我们乡村医生的待遇是全国最高的。①

独龙江乡中心卫生院21名卫生专业技术人员中，有13名是2016年毕业后参加工作的，民族涵盖了独龙族、傈僳族等9个民族；学历均在大专以上，有3名本科学历；专业包括临床医学、护理、中医、医学影像技术，基层医疗卫生服务人员的专业水平获得巨大提升。

第二，2019年，将村医待遇由原来的每月750元提高到2750元以上，并明确乡村医生医疗保险、工伤保险、生育保险、养老保险缴纳政策，建立并完善医疗风险共担机制，用于调解医疗事故（纠纷）赔偿，化解乡村医生的执业风险。这一系列政策不但让村医获得了在当地生活相对体面的收入，而且彻底解决了村医的后顾之忧。村医的基本工资、公共卫生服务收入，加上诊疗、药品收入，以及家庭种植养殖收入，每年在4万至10万元不等。独龙江乡巴坡村孟文新，在乡村医生岗位上坚守了18年，终于等到待遇提高的这一天：

> 2018年，我的基本工资从每个月750块增加到2750块，2019年以后又加上工龄工资，我18年工龄就多180块，每个月2930块。再加上

---

① 根据2020年10月13日访谈时任卫健局局长彭志辉录音整理而成。

公共卫生服务的收入,像儿童、老人体检,孕产妇管理,老年人慢病管理,每年的公共卫生服务能收入8000—9000块。再加上诊疗和药品的收入,每个月有500—600块。每年总收入不到5万块钱。养老保险自己只需要交2000多块,真正为我们村医解决了后顾之忧。我们家里还种着30亩草果,已经种了10来年,我跟我老婆两个人种,去年卖了46000多块,这几年价格也还算稳定。地里也种一点山药、芋头、蔬菜,也种点苞谷用来喂鸡喂猪。①

为了加强村医的医疗服务专业能力,独龙江乡采取"乡聘村用"的村医管理方式,每月组织医务人员及乡村医生参加培训会,将健康扶贫决策部署的新举措、开展的重要活动、举办的重要会议、制定的重要文件等及时传达,积极认真学习健康扶贫的好经验好做法。"今年县人民医院的培训已经搞了4次,主要培训肺结核、艾滋病防治,新生儿、产妇产后保健等。乡镇卫生院要求我们每月列席一次会议,他们会对我们的业务进行指导。"②

第三,在分析独龙江乡医疗卫生服务质量的提升时,不能忽视网络通讯工具的普及与智能系统的应用,对于中心卫生院医务人员以及村医的服务能力带来的显著改变。虽然独龙江乡远程医疗服务建设仍有很长的路要走,但是智能手机使用带来的微信群、智能APP使用,已经彻底改变了乡村医疗服务的组织形态和服务方式。表5-4是马库村村医马福光加入的手机微信群,经常查看、比较活跃的群多达12个。

表5-4 马库村村村医马福光加入的微信群统计表

序号	群名	建群时间	群成员数	主要群成员身份	群主要功能
1	怒江州村医医保维护群	2018	243	怒江州卫健局、村医	"村医通"APP的技术支持、信息交流

---

① 根据2020年10月4日访谈巴坡村村医孟文新录音整理而成。
② 根据2020年10月5日访谈龙元村村医龙华录音整理而成。

续表

序号	群名	建群时间	群成员数	主要群成员身份	群主要功能
2	怒江四县药具培训群	2019	353	怒江州卫健局、疾控中心、村医	指导发放避孕、防艾药品和药具
3	贡山县城乡居民医保群	2018	69	贡山县医保局、独龙江乡中心卫生院、村医	村民医保报销的信息交流、问题解决
4	贡山县智慧村医辅导群	2020	69	"怒江医疗"APP技术支持人员、贡山县卫健局、村医	健康扶贫管理，"怒江医疗"APP使用的技术支持、信息交流
5	贡山县乡村分级诊疗转诊交流群	2018	99	贡山县卫健局、乡镇卫生院、村医	病人的上下转诊（县—乡—村三级）、信息交流
6	贡山县结核病防治交流群	2018	68	贡山县卫健局、贡山县人民医院、贡山县疾控中心、村医	全县结核病的防治工作安排、交流
7	全县乡村医生秘密群	2017	35	全县部分村医	村医的"私人群"，用于"吹牛"、吐槽、放松情绪
8	独龙门巴群	2018	19	独龙江乡中心卫生院院长及医生、村医	独龙江医生群，疫情防控、公共卫生服务等工作部署
9	妇幼保健乡村队伍群	2016	39	独龙江乡中心卫生院、村医	独龙江乡中心卫生院发布通知、管理村医妇幼保健服务
10	孩纸宝爸宝妈们	2018	54	村医、马库村孩子的父母	儿童接种、体检通知，妇幼保健等
11	马库村交流群	2018	111	马库村扶贫工作队、村两委干部及村民	马库村相关信息交流、工作安排
12	马库村党务、村务工作群	2018	77	马库村党支部书记和党员、村干部	马库村相关工作的领导、准备工作

数据来源：根据课题组2020年10月12日访谈马库村村医马福光的资料整理而成。

由表5-4可知，村医加入的群主要有四类。一是怒江州、贡山县、独龙江乡中心卫生院等"业务管理群"，主要涉及医疗卫生、医保报销等业务管理。二是对村医使用的各种智能设备和APP进行支持或对村医进行技术指导的"专家咨询群",村医在此群能够向省内乃至全国的专家咨询医疗卫生服务问题,特别是请贡山县人民医院的医生对心电图、X光片做出诊断;并利用各种手机APP实现居民健康管理及健康数据实时上传,部分替代了传统手工、纸质低效模式。三是"服务对象群",村医可以通过此群发布公共卫生服务的通知、专业健康知识等,群众也可以向村医进行咨询。四是"职业群体群","全县乡村医生秘密群"是村医们的"私群",主要用于"吹牛""吐槽",发布一些放松情绪的信息、歌曲、小视频等。

村医收入的大幅度增长、养老保障制度的完善,稳定了乡村医生队伍,让他们能够安心地落实国家医疗卫生服务的各项要求。同时,这些村医本身也是当地社会结构的"中坚力量",他们被吸纳到基层党组织中,在村庄公共事务、政策宣传、疫情防控中,发挥了重要的作用。而这些微信群的建立,使医疗卫生服务网络下沉至每一名村医、每一个家庭、每一名群众,有效解决了医疗服务"最后一公里"的难题。

三、弱势群体的多样化福利供给

在社会现代化进程中,贫困地区的老人、妇女、儿童、残疾人等弱势群体,人口规模大、贫困程度深,由于自身生理条件、年龄约束或身体障碍,受自然资源禀赋、自身发展能力、社会参与机会、社会保障水平等的限制,无法依靠自身力量维持其个人及家庭的基本生活水准,在政治和社会生活上也处于边缘或被排斥的地位,需要家庭、社会和国家给予更多的支持和帮助。[1]脱贫攻坚"五个一批"中,"兜底保障一批"即对丧失劳动能力的贫

---

[1] 万兰芳、向德平:《精准扶贫方略下的农村弱势群体减贫研究》,《中国农业大学学报(社会科学版)》2016年第5期。

困人口实施政策性兜底扶贫。这充分体现了我国社会保障制度"底线公平"①的特点,确保脱贫上"不让一个人掉队"。

独龙江乡在脱贫攻坚期间,不断落实国家的各种社会救助政策,特别是以农村低保制度,实现了低保户的精准识别与动态管理;为特殊困难群体提供临时救助以及专项补贴,增强其抵抗自然与社会风险的能力;为住房困难的老人专门修建"幸福公寓",并不断提高独龙江乡敬老院的软硬件,让分散和集中居住的老人均能安享晚年。这些社会保障政策,在本地就业较多、外出务工较少与社会结构较为完整的支持下,为贫困农户构建起坚韧的社会支持网络,确保了"一个都不能少"。

(一)低保户的精准识别与动态管理

对于独龙江这样地广人稀的区域来说,农村低保的有效识别是一件非常困难的事情。独龙江乡整体呈狭长地形,南北长150公里,从最北边的迪政当村到马库村,在通村公路未硬化前步行需要三天时间。虽然独龙江乡东西宽仅30公里,但是除了靠近河谷的少量土地地势低缓平坦,两岸均为海拔4000米以上的高山,当地群众三家两户散居于400余里长的峡谷中,即便是同一行政村,有的农户从山上下来也需要一天时间。此外,独龙江乡地广人稀,植被茂密,使其成为野生动植物的天堂,但也给居住于此的群众带来生命的威胁。当地群众经常遇到黑熊、野狼等具有攻击性的野生动物,以及毒蛇、毒蚊、蚂蟥等体型较小但毒性较强的动物威胁。此外,由于山高谷深、降雨较多,独龙江乡地质灾害频发,特别是暴雨导致的滚石、泥石流,随时威胁着群众的生命安全,貌似平静的原始丛林,处处潜伏着危机。因此,在2016年以前,独龙江乡的低保人数达3000多人(表5-5),基本上"户户有低保",覆盖全乡人数的比例将近90%。"当时外出打

---

① 景天魁:《底线公平与社会保障的柔性调节》,《社会学研究》2004年第6期。

千年一跃：独龙江畔的脱贫攻坚实践

工的人数很少，全乡可能都不到50个。老百姓的家庭条件都差不多，所以谁能享受谁不能享受就难以区分。很多老百姓觉得低保就是"普惠性"的政策。"①

但是，脱贫攻坚要求"精准识别"，因此驻村工作队、村干部与民政干部一起，在2016年进行了一次挨家挨户、历时一个月的拉网式低保调查，发现部分低保户家里有车、家庭成员有事业编制，不符合低保享受条件。另外，随着脱贫攻坚的深入推进，不少当地群众通过发展草果产业及公益性岗位和国家转移支付收入，以及从事运输、建筑等工作，家庭人均收入超过低保线。2017年10月，贡山县开始全面启用云南省居民家庭经济状况核对平台办理核对业务，独龙江乡的社会救助对象做到了"逢进必核"。通过线下线上相结合的方式，独龙江乡农村低保实现前所未有的"精准识别"，2017年独龙江乡享受农村低保人数锐减到581户1131人，比2016年人数减少63.35%，即超过一半的低保人数被剔除。2018年，农村低保金发放方式从按季度发放调整为按月发放，从局财务室发放调整为银行金融机构代发，进一步加强了资金的安全规范使用。

同时，农村低保的精准识别实行"有进有出，动态管理"的机制，以求实现"应保尽保"，真正发挥农村低保"保基本"的政策初衷，因此在2020年遭遇百年不遇的"5·25"特大泥石流灾害后，独龙江乡低保人数从2019年的981人增加到1138人，让受灾群众及时享受农村低保政策以避免返贫。《云南省脱贫攻坚社会救助兜底保障"兜准、兜住、兜牢"行动方案》出台，提出"加强农村低保与扶贫开发对象、标准、政策、管理的有效衔接"，落实"脱贫不脱保""低保渐退""参照单人户纳入低保"等政策，将新冠疫情给困难群众生活造成的影响降至最低，促进了脱贫攻坚的顺利实现。

---

① 根据2020年10月7日访谈独龙江乡副乡长肯梅录音整理而成。

表5-5 2014—2020年独龙江乡享受农村低保人数变化统计表

年份	2016	2017	2018	2019	2020①
农村低保保障水平（元/人/月）	一档225；二档160；三档110。	一档240；二档165；三档120。	一档300；二档250；三档140。	一档300；二档250；三档140。	一档350；二档250；三档172。
截至当年12月份，享受农村低保户数（户）	908	581	250	258	360
截至当年12月份，享受农村低保人数（人）	3086	1131	917	981	1138
截至当年12月份，农村低保发放总金额（万元）	561.50	157.78	158.46	261.94	235.06

数据来源：根据2020年9—10月课题组赴独龙江乡实地调研整理所得。

（二）老年人的集中赡养与生活补贴

由于相对宽松的计划生育政策和生育习惯，当地群众结婚相对较早，因此老龄化问题并不突出。2020年，全乡共有65岁及以上老人295人，老龄化率7.1%。针对养老问题，独龙江乡不但落实了基础养老金和高龄津贴发放政策，在环境清幽的独龙江畔建立独龙江乡敬老院，解决老年人的赡养问题，而且创造性地建设了"幸福公寓"项目，为持续保障老年人的住房安全进行了有益探索。

虽然独龙江乡仅有4000多人口，但党和国家并没有因为人口原因而减少对其公共服务设施的投入。早在2011年，就在孔当村建成环境优美、设施齐全的独龙江乡敬老院。其占地面积2000平方米，建筑面积1046平方米，共3栋楼，设计床位数60床，现入住老人21位，共有6名专职服务人员。敬老院内，每两位老人一间房，配置有线电视、衣柜、床头柜和木板床。之所以没有使用专业护理床，一方面是因为居住的老人大部分自理能力

---

① 备注：2020年的统计数据截至10月。

较好;另一方面是照顾到老人视护理床为"病床"的感受。虽然敬老院没有配备医务室,但独龙江乡中心卫生院医务人员和孔当村村医每个月来为老人体检一次,边境派出所的军医也会定期来看望这些老人。集中居住的老人,每个月享受民政补助700元,足够维持一日三餐的生活费用;医疗费用民政全部兜底,也没有患病而无钱医治的忧虑。民政部门每年给敬老院5万元运转经费,2020年还增加了1000元护理费补贴,用于给老人购买生活用品,像肥皂、牙膏、牙刷之类。敬老院在迪政当村还有50亩蔬菜基地,一年可收获5000多斤洋芋,一年都吃不完。民政局还为敬老院配置了一辆皮卡,用于为老人购买生活物资、送老人就医或拿药等。敬老院还鼓励"夕阳恋",到2020年已经有5对老人在敬老院找到自己的晚年幸福。敬老院的老人是,有的喜欢唱歌,也有的会编篮编筐子、织独龙毯做独龙衣,卖给外面的游客,各有所好,其乐融融。

> **独龙江乡敬老院院长**
>
> 高金亮,男,1988年生,孔当村人。自建院起就担任院长,妻子也在敬老院为老人服务。两个人每月都有2360元的工资。再加上家里种植的100亩草果地、养殖的两头猪,家庭年收入能达到10万元以上。他们的女儿在孔当村读六年级,儿子刚上幼儿园。虽然访谈时,他并没有明确自己为什么愿意在这工作,但他从原来跑运输到现在有稳定的编制、收入和家庭生活,脸上洋溢的都是幸福。

2015—2020年,独龙江乡基础养老金从每月80元增长到116元,增幅达到45%。虽然每个月100多元的养老金并不太多,但是让当地群众感到自己是受到社会尊重的,也会增强他们对党和国家的向心力。

（三）特殊困难群体的福利与临时救助

针对残疾人、因病因灾导致的困难家庭等特殊困难群体，独龙江乡也严格按照云南省要求，落实各种社会福利和临时救助政策，让他们与其他群众共享脱贫攻坚成果。

从2016年起，国家全面实施困难残疾人生活补贴和重度残疾人护理补贴，这是全国首次建立残疾人专项福利补贴制度，旨在让困难残疾人和重度残疾人提高生活质量，共享改革发展成果，同步实现小康。独龙江乡被纳入国家的社会保障体系中，因此也跟国家社会保障体系的完善同步。2016—2020年，享有困难残疾人生活补贴的残疾人，补贴标准由每人每月50元提高到70元；享有重度残疾人护理补贴的一级残疾人，补贴标准由每人每月70元提高到80元；享有重度残疾人护理补贴的二级残疾人，补贴标准由每人每月40元提高到70元。独龙江乡残疾人全部纳入"两项补贴"范围，在一定程度上降低了家庭的照护成本。

表5-6　2015—2020年独龙江乡残疾人"两项补贴"发放情况统计表

年份	2016	2017	2018	2019	2020
全乡残疾人数量（人）	16	35	42	53	67
获得残疾人"两项补贴"人数（人）	16	35	42	53	67
残疾人"两项补贴"发放总额（万元）	1.50	3.10	3.74	4.53	1.84（截至4月）

此外，对于那些因病、因学、因灾等导致生活困难的群体，独龙江乡一方面落实医疗救助、教育救助等专项救助，另一方面通过发放生活物资和临时救助，帮助他们渡过难关。2015—2020年，独龙江平均发放给每户的临时救助金额从882元增加到2009元（见表5-7），充分显示出国家对于困难群体的支持力度提升。

表 5-7　2015—2020 年独龙江乡临时救助发放统计表

年份	2015	2016	2017	2018	2019	2020
获得临时救助户数（户）	45	100	80	145	150	141
获得临时救助人数（人）	118	341	228	521	450	446
临时救助发放总额（万元）	3.97	9.58	6.64	17.87	25.95	28.32
乡镇能够决定的最高额度（元）	—	—	—	—	3000	3600

通过进一步分析，可以发现独龙江乡摘帽后每年享受临时救助的户数稳定在 140—150 户，人数在 450—530 人之间，占全部人口的比例在 10% 以上。仔细区分申请临时救助的原因，可以发现因病和因学所占比例最高，各占 30% 左右。独龙江乡虽然实行 14 年免费教育政策，但是因为家庭收入极为有限，在面对疾病、上学等大额支出时，仍然会面临极大的挑战。为了避免因病致贫、因学致贫，独龙江在审批临时救助时，会适当降低"政策门槛"，特别是有考上大学的学生申请，基本上都会予以补助。比如，考上云南水利水电职业学院的学生普金云满脸稚嫩，但是他写的《临时救助申请书》，却让人看到一个自强不息、懂得感恩的年轻人的未来。虽然 3600 元的临时救助并不够学生的费用，但是社会救助政策的主动调适，使社会保护从"救急难"向"促发展"转变，其鼓励独年轻一代接受高等教育的政策导向，彰显出"发展型"社会政策的特征。

临时救助申请书

尊敬的领导：

你们好！

我是怒江州民族中等专业学校的学生普金云，今年被云南水利水电职业学院录取。我家中有 3 口人，父亲已过 47 岁，姐姐残疾，

第五章　发展型社会保护

> 已满22岁,嫁到雾里村,我的父亲都是务农为生,且身体不佳,不能挣钱养家。平常的收入勉强能维持家中的生计,因为家中缺少劳力,被评为建档立卡户,本人从初中起的学费、生活费一部分是由家庭支持,一部分由挂联单位等扶持。由于我自己的理想,必须要读上云南水利水电职业学院,有自信、有信心、有理想把水利工程专业读完,我为(是一名)孔当村普卡旺小组的学生而感到骄傲。请领导放心,我承诺会在学校努力学习文化知识,勤能补拙,做一名对国家有用的学生,不辜负家人、领导的期望。用自己的知识在将来回报、贡献社会,给走出大山的孩子插上一双强大的翅膀,让我们在理想中翱翔!谢谢领导!
>
> 申请人：普金云
2020 年 9 月 28 日

世界银行从减贫的角度对"社会保护"进行了定义："仅在风险冲击后向低收入者提供临时救济和补助是远远不够的,应该对人力资本投资(如教育和医疗卫生投入)进行公共干预,帮助个人、家庭和社区更好地管理风险,对被剥夺的低收入者提供支持,创造更多的就业机会"。[①] 独龙江乡实施安居工程、14年免费教育和健康扶贫政策,均有力保障了当地群众的可行能力,呈现出发展的最终目的是实现作为个体的自由,同时强调国家所应承担的对社会整体的责任。面对整体性贫困突出的地区,无论是在"整村帮扶,整乡推进"阶段,还是在脱贫攻坚阶段以及巩固提升阶段,均将教育权保障、医疗水平的整体提升作为重要内容推进,为当地群众增强发展能力、

[①] 转引自谢东梅：《低收入群体社会保护的政策含义及其框架》，《商业时代》2009 年第 21 期。

降低发展风险提供了坚实保障。同时,独龙江乡为弱势群体提供多样化的福利供给,无论是精准识别、动态管理农村低保户,还是为分散居住和集中居住的老人提供幸福公寓和敬老院等,均体现出国家通过社会政策对发展能力较弱群体进行保护的政策指向。正是因为有了"农村低保为基础,住房、教育、医疗等专项救助为辅助,临时救助、社会互助和慈善捐赠为补充"的新型社会救助体系,才很好解决了贫富分化、村社解体、社会矛盾等发展问题,促进了边疆地区的稳定和谐与持续发展,真正做到脱贫路上一个都不能少,脱贫、全面小康、现代化,一个民族也不能少。

第六章 总结与展望

独龙江乡的脱贫，实现了独龙族发展历史的第二次跨跃，成为我国率先实现整族脱贫的边疆少数民族，兑现了"一个民族都不能少"的庄严承诺，向全国和全世界宣示了中国共产党消灭绝对贫困、实现中华民族大家庭平等发展的坚强决心和伟大成就。摆脱贫困的独龙族，将按照习近平总书记"更好的日子还在后头"的嘱托，继续奋进。脱贫经验如何与乡村振兴有效衔接，如何在文化独特性与生态独特性相结合基础上实现可持续发展，是未来独龙江乡发展的关键所在。

一、独龙江乡脱贫的基本经验

（一）扎根的党建扶贫

党的领导为脱贫攻坚提供坚强政治和组织保证，也是实现率先脱贫、全面小康、"过上更好日子"的根本保证。共产党解放了独龙族，使其从被歧视、被压迫、被剥削翻身成为主人，成为中华民族大家庭中的平等一员，政治地位有了彻底改变。正是在党中央和各级党委政府的持续关注和特殊帮扶下，独龙族才能一步步摆脱封闭、落后的局面。习近平总书记指出，我们始

千年一跃：独龙江畔的脱贫攻坚实践

终坚定人民立场，强调消除贫困、改善民生、实现共同富裕是社会主义的本质要求，是我们党坚持全心全意为人民服务根本宗旨的重要体现，是党和政府的重大责任。几十年来，特别是进入脱贫攻坚时期以来，国家对独龙江乡发展的重视力度是超常规的，对独龙江乡的资金投入和人力投入是超常规的。人均资金投入就高达数十万元。这充分彰显了党对民族发展事业的重视，对边疆发展的重视。正是在党中央的正确领导下，在习近平总书记关于脱贫攻坚的重要指示批示精神指引下，在习近平总书记的亲自关心下，一批又一批有情怀、有担当的帮扶干部克服重重困难，苦干实干亲自干，与当地群众一道，谱写了独龙江乡反贫困事业的伟大篇章。可以说，没有党的正确领导，就没有独龙江人民今天的幸福生活。

独龙江乡通过基层党建创新，将政治引领力转化为发展力，将服务力转化为团结力和凝聚力，将组织力转化为扎根力，党组织成为脱贫主心骨，以群众的获得感和幸福感诠释了党的初心和宗旨。在上级帮扶力量的支持下，独龙江乡的基层党组织不断发展壮大，党员人数快速增加，党组织实现了所有村民组的全覆盖、党员活动的场所全覆盖。在脱贫攻坚的锻炼下，独龙江乡的基层党组织和党员能力不断提升，成为推动全乡率先脱贫和全面小康的坚强堡垒。并且，由于独特的社会结构和之前分散的居住格局，组织化程度较弱的独龙江人民在社区化居住后，在不断融入现代生活，尤其是进入现代市场体系后，亟须适应现代社会的组织体系。在独龙江乡，党的基层组织成为当地社会组织化的载体。村庄中的党组织承担了政治与社会的双重职能，需要解决政治与社会的双重问题。而独龙江乡的基层党组织顺应了这一需求，通过一系列创新性的党建活动，使党组织扎根于当地人的社区与生活。独龙江乡基层党建的创新就在于，它不是封闭式的组织内部的活动，而是将党组织、党员与群众紧密联系在一起，将党的活动与群众的生活联系在一起，使党的活动有了牢固的群众基础，能针对村庄的现实需要，解决群众的实际问题。"一周三活动""三队两个一""党员包户"等党建品牌活动，均是将党的政治建设、思想建设、作风建设、组织建设扎根于群众之中，党的引领作用、党员的先锋模范作用、党性的修养等都在这样的活动中得到锻炼和提升。不断成长起来的党组织，成为当地人的主心骨，也成为独龙江乡的乡村振兴和现代化持续推进的内生组织基础。

正是党建的扎根，使党在当地群众心中有了至高无上的地位。他们深知今天的幸福生活是在以习近平同志为核心的党中央的坚强领导下创造出来。幸福不忘共产党，听党话、感党恩、跟党走的意识也深深扎根于群众心中。守护好边疆，建设好家乡，也成为当地群众表达自己热爱党热爱中国感情的行动表达。

（二）尊重群众主体性

坚持调动广大贫困群众积极性、主动性、创造性，激发脱贫内生动力。独龙族是直过民族，长期与外部世界隔绝，社会发展进程相对缓慢。脱贫攻坚带来了一跃千年的巨变，如何使其平稳过渡，顺利融入现代生活，是发展所面临的一大挑战。而独龙江乡的实践经验就是要充分尊重当地群众的主体性。

独龙江乡扶贫充分考虑当地自然与社会文化基础。引导群众"自己家园自己建，自己家业自己创"，虽然有强大的外力支援，但是独龙江乡的扶贫从一开始就特别注重群众的参与，这种参与从简单的力所能及的活动开始。在安居工程建设阶段，就让群众参与搬运建筑材料、平整地基等工作，并逐渐让他们学会砌砖、建房的基本技能。在独龙江隧道开通前，就将当地群众选送出去学习车辆驾驶。在社区化居住后，通过公共生活推动、现代生活方式学习，使他们适应了现代文明生活，个人卫生、家庭卫生和社区卫生彻底改善。在选择产业项目时，经过审慎的试验探索，选择草果这一主打产业，一方面适应了独龙江乡特殊的气候条件和自然地理条件，更适合了当地人长期以来所形成的劳作习惯，而且通过草果的种植，以潜移默化的方式让他们逐渐适应商品生产和市场经营的观念。在旅游业发展中，独龙江乡选择支持当地群众成为经营主体，政府投资基础设施建设，对有能力从事旅游业的农户进行资金扶持、经营管理培训、餐饮技能培训等，虽然发展的速度相对较慢，但这是历史的耐心，给了当地人能力成长的足够机会和时间。接纳了现代市场观念、掌握了现代经济发展技能的当地群众，才能成为独龙江乡发展的真正主体。

总之，独龙江乡激发了群众内生动力，以市场能力培育、文明生活养成等综合性手段，渐进式支持群众积极融入市场经济、适应现代生活，减少了被动卷入现代化所带来的风险与冲击。

（三）系统性反贫困

贫困是复杂的社会经济问题，绝非某个单一原因所引起，因此反贫困是一项系统性工程，需要多维度发力，才能使贫困群众摆脱困境。

独龙江乡扶贫以系统性思维，夯实发展基础、创造发展机会、提升发展能力、应对发展风险，整乡整族推进。无论是六大工程还是八大提升，均强调多个维度的同时推进。在进行安居工程建设时，就将群众搬迁后所面临的公共生活、社区营造等问题考虑在内，并通过素质提升行动来回应这些问题，使从山上搬迁下来的群众很快适应了社区化的生活，并建立起新的公共文化生活和社会关系。同时，为了提高群众的收入水平，产业发展也同步规划和实施。独龙江乡在整乡推进时期，就同步建设了民族文化特色村寨、旅游基础设施，并开始推广草果等产业。可以说，独龙江乡的脱贫，从一开始就以搬迁为依托，将生活、生产、教育、卫生、产业发展等多种需求通盘考虑，协同推进，一步一个脚印扎实推进。所以独龙江乡整乡推进独龙族整族脱贫行动虽然早于精准扶贫，但是各个方面都能够做到前后衔接，整乡推进也为之后的精准扶贫奠定了扎实的基础。

在政策设计上，独龙江乡的扶贫具有综合性，将保障与发展相统筹，既保证了当地群众能够通过边民补助、公益林补助等转移性收入，以及护林员、巡边员等公益性岗位保障其基本收入，又通过产业带动、技能培训等手段提升群众的发展能力，拓展群众通过发展提高收入的空间。

在组织体系上，大量的资源集中投入，需要资源配置与组织重构实现协调，而独龙江乡的扶贫从整乡推进时期便是高规格组织化推进。因此，独龙江乡通过后续的一系列补短板工作，继续将这种系统性反贫困的思路延续下来，也很好地保留了前期投入的成果，实现了不同时期扶贫效益的累积性，最终使脱贫成为水到渠成之事。保持延续性的系统性推进是独龙江乡能够率先脱贫的重要前提。

（四）生计与生态契合的在地化发展

独龙江乡经过探索试验，选择与当地自然条件高度契合的产业，实现了生态效益和经济效益的最大化。

据统计，独龙江地区土著植物有1920种，其中12.5%是当地独有，即每8种植物中就有1种为该地独有；与其他地区相比的话，与独龙江纬度接近的怒江河谷地区，面积是独龙江流域的3倍，特有品种仅有4个，占全部植物种类的0.7%；金沙江河谷的特有品种比例为2.78%；大兴安岭的特有品种比例为0.88%；地域比独龙江总面积大数十倍的秦岭，特有植物的比例也仅为6.1%。此外，独龙江地区有鸟类171种、兽类104种。在如此独具一格的自然地理条件中，独龙江形成了多种生物共存、汇聚、迁移、演化和交替成复杂的、稳定的生态系统，成为我国古老和珍稀动植物集萃地，也是我国目前常绿阔叶林保存最为完整、森林组合最丰富、结构功能相对稳定的区域之一，被誉为"野生动植物种子基因库"。千百年来，生活在这里的独龙族人和这里的生态环境融为一体，依靠丰富的自然物产过着采集渔猎、刀耕火种的生活。

进入现代社会，独龙江流域的生态价值凸显，是"三江并流"世界自然

千年一跃：独龙江畔的脱贫攻坚实践

遗产核心区之一，中国和全球生物多样性优先重点保护区。独龙江乡处于高黎贡山国家级自然保护区核心地带，当地人既要生存，又要肩负起为人类守护生态多样性的重担。全乡生态红线占总面积的60%，88.3%的国土被划为自然保护区，退耕还林面积3000亩，国家级公益林面积58478亩，因此传承千百年的生计方式必须转型。同时，独龙江乡森林覆盖率高达93.1%，耕地面积仅占0.21%，用传统的农业种植替代原有的生计方式显然行不通。生态保护、生存需要和守边护边等多种需求，需要用新的方式来解决。

独龙江乡经过长期探索，寻找到了草果这一极佳的产业。草果喜阴，不怕雨多，又生长在林下，这些特性与独龙江的生态条件有着天然的契合，因此成为了独龙江乡的主打产业。北部迪政当等村大力发展的重楼产业，也遵循了产业发展的基本规律。而独龙鸡、独龙牛、独龙蜂等虽然产业规模不大，但也同样是在独龙江的生态环境中孕育出来的独特品种。独龙江乡丰富的生物资源、高山峡谷地貌、美丽的独龙江等都是高端的旅游资源。独龙江乡依托这些资源，先后成功申报3A、4A级旅游景区，成为祖国西南边境的著名旅游名胜。

虽然放弃了传统的生计方式，但是独龙江人所具有的生态知识却依然有效，独龙江乡的生计转换也伴随着生态知识的运用转化，通过生态护林员、巡边护边员等公益岗位，将传统生态知识转化为新的生计来源，既传承了传统生计和生态知识，又能使他们依靠这些知识在当地就能获得就业机会和收入，增强了当地群众"建设好家乡、守护好边疆"的能力和信心。通过扩展公益性岗位的方式，当地群众"工作换福利"，主观能动性得以充分调动，成为稳边固边、巡山护山的主人翁。

总之，通过对本地生态资源与生态知识的合理利用，独龙江人不用以大规模人口外出的方式满足生存的需要，而是依托当地的资源，实现生计与生态高度契合的在地化发展，实现了生态效益、经济效益与政治效益（守边护边）的多赢。

二、独龙江乡进一步发展面临的挑战

（一）生态环境脆弱仍是发展的最大制约因素

独龙江流域年降水量在2932—4000毫米之间，一年约300天有雨，是东南亚三个多雨中心之一，为我国之最。在降水时间方面，独龙江是全云南省雨季开始得最早的地区之一，从2月上旬进入雨季，一直持续到10月，雨期长，雨量大。生态脆弱，再加上境内沟壑纵深，山体坡度太大，不少地方接近于垂直，而且山体松软，极不稳固，长时间下雨导致自然灾害频繁，全乡地质灾害隐患点59处，年均发生较为严重的滑坡、泥石流灾害四五次。在修建道路的时候，不可避免地会对原本脆弱的表层植被和山体结构造成一定破坏，因此公路沿线往往是灾害容易发生的地方。且进出独龙江乡的公路只有一条，一旦发生较大的自然灾害，独龙江乡就会成为孤岛，电力、通信、网络等都有可能遭到破坏。时至今日，停电、断网、通信中断等情况在独龙江乡仍时有发生。尤其是作为生命线的交通，不但建设成本高，仅独龙江公路的修建就投入超过7亿元，维护成本也非常高，有十多个施工队常年驻扎在独龙江乡，随时应对道路的损毁，每年都需要大量的投入，地方财政难以承担。

2020年，独龙江乡遭受百年不遇的"5·25"特大暴雨，洪水横流，村庄漫灌，泥石流、滚石、塌方等灾害链连锁发生。道路多处冲毁、断裂、坍塌，导致进出独龙江乡的唯一道路独龙江公路全线电力、通信、交通全部中断，独龙江乡与世隔绝，4000多名当地群众和400多名来自全国各地的游客被困独龙江乡。多处房屋受损，部分群众种植的草果被毁，遭受了较为严重的经济损失。

生态环境的脆弱性决定了独龙江乡只能有限度开发，目前草果种植面积已经基本达到饱和，无法再大幅度扩大种植面积，需要走提质增效的路子。旅游接待量也限定在每天 500 人以内，否则就会超出接纳能力。随着独龙江乡旅游开发继续发展，对交通保障也会提出更高要求，兼顾开发与保护，是当地发展的一大挑战。因此，未来独龙江乡的产业发展绝不能走常规的规模扩张之路。

（二）不宜采取人口大规模外出的发展方式

由于在国家版图中的特殊位置，独龙江乡乃至整个贡山县具有重要的国家战略意义。一方面，独龙江乡脆弱的生态环境与高黎贡山独特的生态价值，使其成为国家重点生态功能区。另一方面，独龙江乡国土面积 1994 平方公里，每平方公里 2 人居住，人口密度仅为昆明市的 1/162；但是其与缅甸接壤，国境线长达 97.3 公里，是边疆稳定的前沿"堡垒"，具有稳边固边的重要意义。独龙江人承担着守护国门的重任。

同时，由于地处边境，独龙江乡的发展还具有展示我国国际形象的重要意义。新中国成立初期随着经济社会的快速发展，巨变的独龙江乡与缅甸相邻的地区形成鲜明对比，缅甸的女性有很强的意愿嫁入独龙江家庭，在调研中，见证过两国差距的群众对自己的家乡充满了自豪，也对明天充满了希望。因此，独龙江乡的脱贫和发展，既是重大的经济问题，也是重大的政治问题，如今，它成为对外展示中国发展成就与制度优势的窗口。今后，独龙江乡还可以成为我国减贫发展经验国际交流的前沿阵地与讲好脱贫攻坚中国故事的展示平台，使中国的减贫经验能够走出去，为国际减贫事业贡献自己的力量。

因此，虽然生态环境脆弱，但是独龙江乡的脱贫不能采用易地扶贫搬迁的方式，也不适合以大规模外出务工等方式将人口转移到外地发展，因为这两种方式都会造成独龙江人与独龙江乡这片土地的纽带逐渐断裂。目前，独龙江乡所采用的生计与生态契合的发展方式非常符合当地实际，今后的发展也应该继续沿着这一思路深化和拓展。

（三）可持续发展的基础需进一步打牢

独龙江乡虽然成功实现脱贫，但"脱贫只是第一步"，还需要进一步向前发展。就目前而言，独龙江乡的发展基础虽然已经奠定得较好，仍需进一步打牢，要以高质量发展的原则作为指引，继续推动脱贫攻坚与乡村振兴的有效衔接，并向社会主义现代化的方向努力。

在产业方面，独龙江乡已经意识到单一产业的市场风险，在大面积推广草果的同时，也在探索重楼、葛根、黄精、羊肚菌等多样化的产业，但是相对于草果，这些产业都还在起步阶段，规模也很小，短期之内难以形成与草果相媲美的主导产业。而作为支柱产业的草果，目前也主要是在种植环节，以提供初级产品为主，非常容易受到外部市场波动的影响，产业发展风险已经开始显现。从其他地区产业发展的情况看，价格的大幅度波动必然会对农户的积极性造成影响。因此，需要继续探索延长产业链，在种植的基础上做好加工、销售，提高产品附加值，提升市场定价话语权。

独龙江乡的发展还需要更多的人才支持。目前，随着教育投入的增加，独龙江人受教育水平也大幅度提高，不少受过高等教育的独龙江人选择回到家乡。但是这些人才如何与独龙江乡当地发展的需要有效衔接，还是摆在大家面前的问题。这些人才在当地的就业渠道较为狭窄，所学的知识难以运用到相应的领域。同时，独龙江乡在产业发展、医疗、教育等方面所需要的专业人才仍严重不足。因此，未来需要根据独龙江乡发展的定位，有针对性地培养和引进更多的人才。

独龙江乡的发展也需要持续的资金投入。后续产业扶持、基础设施的提升与维护等都需要进一步加大投入。但是，更重要的投入应该建立在对独龙江乡更高水平的发展定位上。

三、独龙江乡发展展望

脱贫之后的独龙江乡，为乡村振兴的有效衔接奠定了基础。为了实现习近平总书记"更好的日子还在后头"的期望和嘱托，独龙江乡要进一步发挥好脱贫攻坚精神，巩固拓展好脱贫攻坚成果，以乡村振兴为契机，在考量区位、生态、文化等大背景基础上，实施更高层次的大战略，将独龙江乡生物多样性与文化独特性深度融合，创建可持续减贫与发展的全球典范。

第一，认真总结独龙江扎根型党建扶贫的经验，特别重视党建与乡村建设的联动，奠定乡村振兴的组织与社会基础。

独龙江乡的基层党建不断创新，亮点突出。党组织不仅是独龙江乡的政治引领力量，还是当地经济和社会的引领力量。现有的党建扶贫实践为独龙江乡未来的发展奠定了很好的基础。接下来，独龙江乡需要做好总结提炼，做好宣传推广，尤其是要面向乡村振兴的需求，做好基层党组织的衔接与拓展。党组织和党员继续引领经济发展，实现产业兴旺，除了要带头发展，还要培养和引入更多本地需要的人才，为本地高质量发展营造好环境；继续守好生态底线，做好环境卫生，以整洁的村容村貌和鲜明的传统文化，持续让独龙江成为令人向往的美丽宜居之地；继续引领好社会风气，不断提高群众的文明素养，以更加开放自信的姿态面向全世界；继续发挥好党组织在村庄治理中的功能，深化村民自治，维护好党群、干群关系，完善党委领导、政府负责、社会协同、公众参与、法治保障的现代乡村社会治理体制和自治、法治、德治相结合的乡村治理体系；继续巩固好脱贫攻坚和全面小康社会的成果，带领当地群众向着共同富裕目标稳步前进。

在此过程中，更加激发独龙江人民的爱党爱国情怀，持续筑牢中华民族共同体意识。在党的领导下，明天的独龙江乡一定会以高质量的发展创造更加美好的生活，实现习近平总书记"更好的日子还在后头"的殷切嘱托。

第二，建立独龙江人民主体性前提下的能力培养体系。通过精准培育，使他们在相关生计与就业岗位上习得专业技术，成长为专门人才，从而在现代化、全球化体系中获得高质量发展。独龙江乡所在高黎贡山世界生物圈保护区是我国生物多样性最为丰富的地区之一，在我国乃至世界生物多样性保护和生态安全保护方面具有特殊重要意义。充分利用好独龙江现有的生物资源条件，建立面向全国、全世界的生物多样性科考、实验、研究、保护基地和工作站，在全球范围内吸引更多的专业人才进入独龙江开展相关研究工作。在独龙江乡建立配套的服务场所和设施，更重要的是培养当地人才，通过系统培训，让他们将现有的生态知识和现代科学相结合，使他们从向导服务、观察记录、巡护、监测等辅助性工作开始，逐步成为更高层次的专门人才。努力将高黎贡山打造成为生物多样性保护的中国名片和全球生物圈保护区的典范。

在旅游业发展方面，独龙江乡同样不能走规模扩张的大众化路线，而应走高端、特色的精品路线。目前，当地已有少数群众作为向导，为部分徒步旅行的游客提供服务。未来可以对这部分群众开展相关的专业培训，提升他们的能力。在生物多样性研究基地建立起来后，可以扩展旅游的范围，把科考与旅游相结合；并积极融入云南省大滇西旅游环线，实现旅游业的高质量发展。

第三，针对独龙江种植和养殖、文旅、生态等产业高质量发展的需求，精准建立生产服务体系、市场销售体系与社会支撑体系。同时，配合全球典范案例地建设，打造全国乃至世界一流的科研基地与共享平台。可以充分利用独龙江乡的区位优势，将产业发展融入"一带一路"建设的大背景中。目前，独龙江乡以草果为重点的产业尚有较大的拓展空间。未来的发展，首先要延长产业链条，开发草果的精深加工，推出更多特色产品；其次要围绕草果进行相关研究，将科学研究和产品开发相结合，而且这样的研究一定要是高水平的。受自然地理条件的限制，生产加工的环节要以贡山县乃至怒江州为主，但是科学研究的平台可以建立在独龙江乡。以高端的研究平台和研究成果，吸引国内外更多相关人才的加入，从而将研究平台打造为共享平台。

除了独龙江乡及其所在的怒江州，相邻的缅甸境内也同样有很好的草果种植条件，在独龙江乡的影响下，缅甸的部分农户已经开始种植草果，并在收获后将苹果卖到独龙江乡。未来的独龙江乡以及怒江州的草果产业做大做强之后，就可以更好地辐射和带动周边国家的产业发展，并以此形成新的国际区域性产业合作载体，发挥中国对邻国减贫的带动作用。

上述几个方面愿景的落地，将进一步践行"绿水青山就是金山银山"的发展理念，将更加巩固独龙江乡群众在地化发展的基础，使经济发展、生态保护和守护边疆三个目标均能有效实现。

习近平总书记指出："脱贫摘帽不是终点，而是新生活、新奋斗的起点。"[1]明天的独龙江乡群众，在党的领导下，一定会以高质量的发展创造更加美好的生活。

---

[1] 习近平：《论"三农"工作》，中央文献出版社2022年版，第288页。

附录一　村庄资源及脱贫攻坚示意图与村情概述

一、村庄资源及脱贫攻坚示意图（均由梁坤制作）

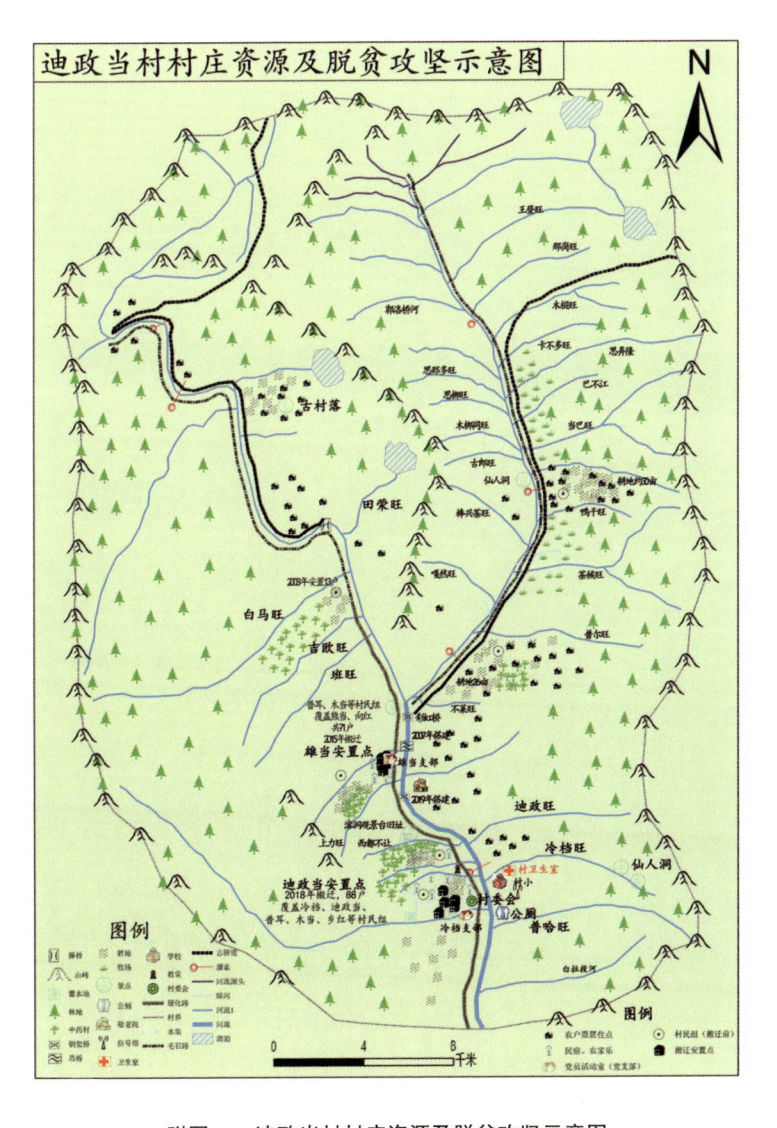

附图一　迪政当村村庄资源及脱贫攻坚示意图

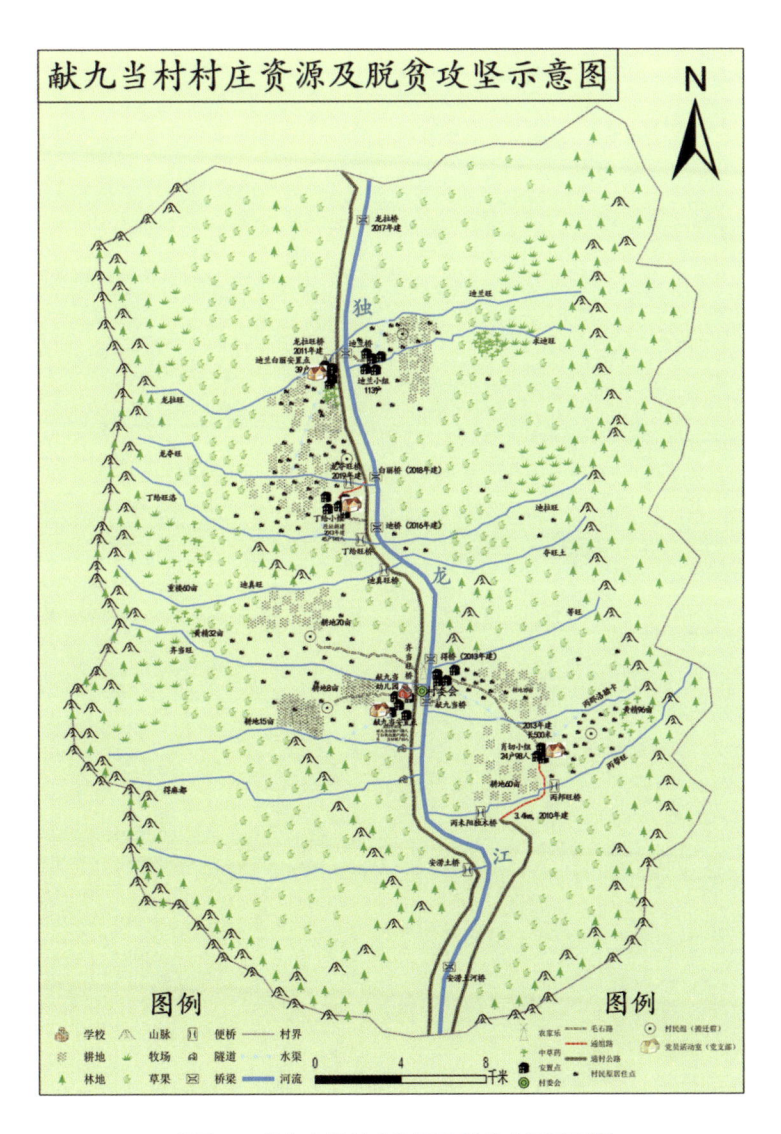

附录一 村庄资源及脱贫攻坚示意图与村情概述

附图二 献九当村村庄资源及脱贫攻坚示意图

153

附录一 村庄资源及脱贫攻坚示意图与村情概述

附图三 孔当村村庄资源及脱贫攻坚示意图

155

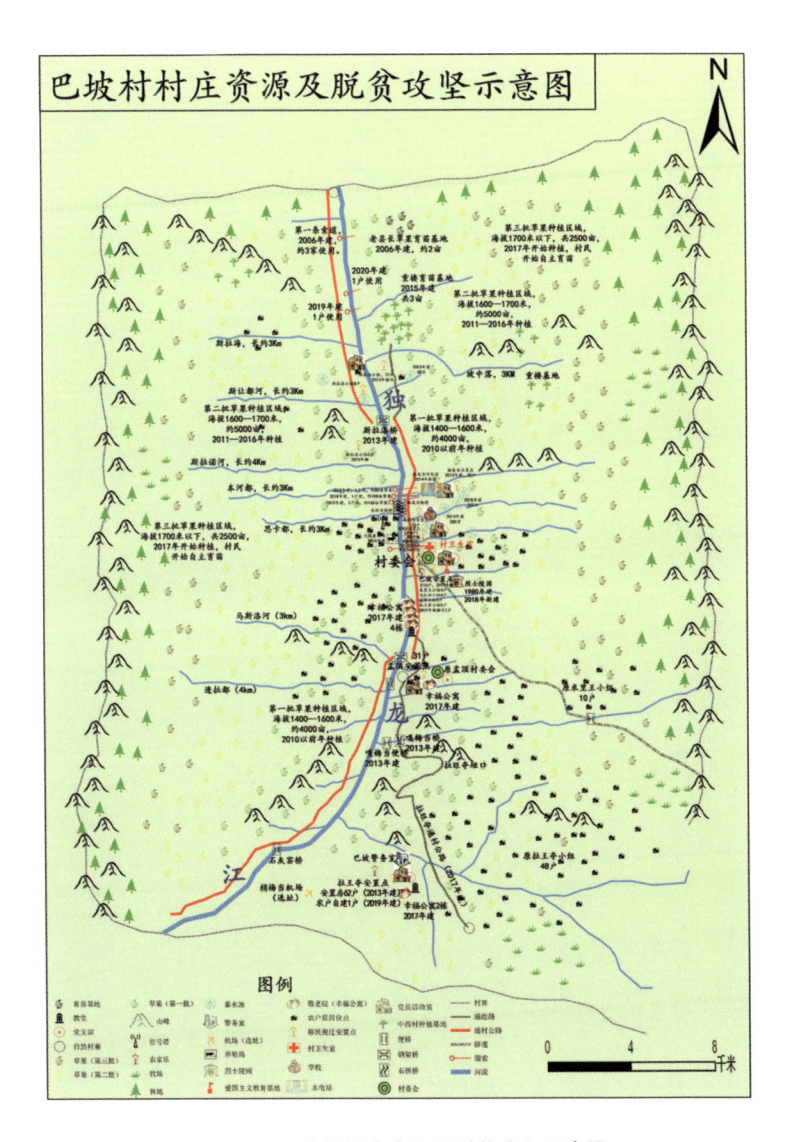

附录一 村庄资源及脱贫攻坚示意图与村情概述

附图四 巴坡村村庄资源及脱贫攻坚示意图

157

附录一 村庄资源及脱贫攻坚示意图与村情概述

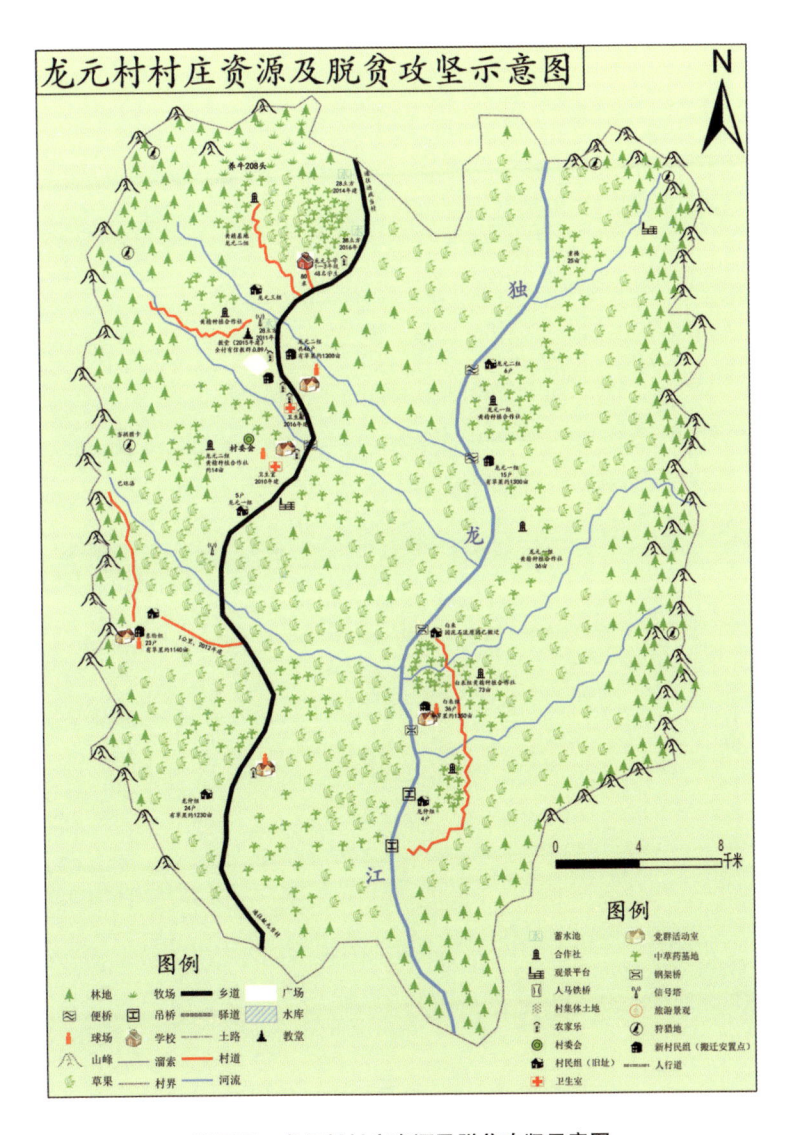

附图五 龙元村村庄资源及脱贫攻坚示意图

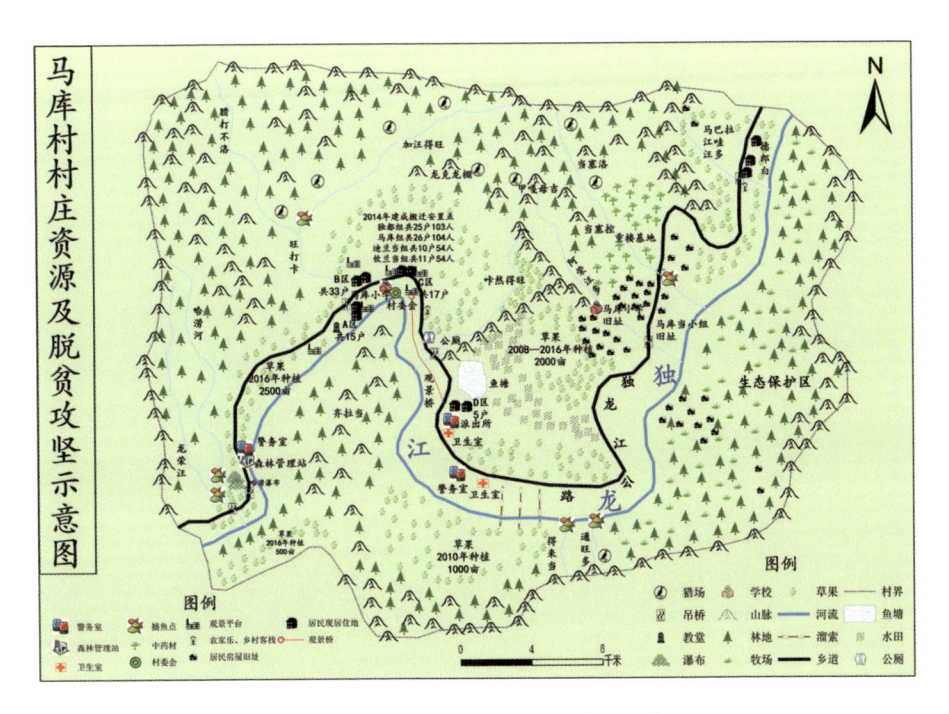

附录一 村庄资源及脱贫攻坚示意图与村情概述

附图六 马库村村庄资源及脱贫攻坚示意图

161

二、村情概述

(一) 迪政当村

迪政当村（98°19'29.63"E，27°04'34.64"N），隶属于云南省贡山县独龙江乡，位于贡山县西北部，北与西藏自治区交界，平均海拔约1850米，全村村域面积601平方千米。因整体地势较为缓和，人均耕地相对较多。全村原有6个村民组162户589人（建档立卡户89户344人；低保户16户），为纯独龙族聚居村落。通过新农村建设、移民搬迁，现已全部集中在2个安置点，其中迪政当安置点共88户，熊当安置点共73户。自集中搬迁安置以来，当地每周组织村民共同打扫社区卫生，并开展国旗下的讲话等系列活动，农户思想素质整体得到明显提升。全村现有1个党总支、2个党支部，共有党员30人，建有2处党员活动室。

当地农户收入主要以劳务输出、种植和养殖业、挖中草药等为主。全村现有48人在外务工，自2016年以来，当地政府开始陆续组织村民外出务工，为激励农户外出务工，对外出务工工作满1年的给予1万元奖励。挖野生药材在当地也较常见，全村约有一半的家庭参与，所得收入占家庭收入中占比30%至40%。2014年以来，为鼓励产业多元化发展，村内针对产业发展进行了多样化改革，在产业发展上进行了多元扶持，主要针对独龙牛、独龙鸡、独龙蜂、中药材种植等，因海拔因素限制，当地种植草果相对较少。其中，因为中药材周期比较长，到目前还没有形成有效收入。种植的中药材主要有重楼、黄精（212亩）、葛根（120亩）等；养殖的主要是独龙鸡、独龙蜂。但因缺乏专业技术指导，缺乏对当地自然地理环境的充分认识，种植和养殖业发展遭遇一些困难。如因当地生态环境好，发展葛根产业易受野生猴子影响；发展养蜂产业易受熊影响（当地熊灾较为严重，对农户家禽养殖也产生影响），导致产业发展不太成功。

2011年以前，全村6个村民组农户主要是散布居住于独龙江两岸的高山上，居住相对较为分散，受交通条件的限制，出行也较为不便。自2011年开始，当地进行移民搬迁，逐步将居住于高山地区的居民集中安置到统一地点，进一步改善了当地道路交通基础设施、人居环境等，到2014年全村整体搬迁完成。移民搬迁在彻底解决住房、完成住房保障的同时，也进一步解放了劳动力，促进农户增收。同时，通过移民搬迁将农户从高山上迁移下来后，农户与外界接触的机会进一步增多，当地农户较为封闭的思想得到转变。

在道路基础设施建设方面，当地通往外界的主要道路自2000年开始修建，最初以农户自发组织、每户出1人修建为主，到2006年建成。因自发组织修建的道路路况较差，自2012年开始，当地政府开始引进外包公司进行全面提档升级，到2018年柏油路全面建成，但当地道路受自然灾害影响仍较大。在饮水保障方面，村内在集中安置点修建了蓄水池，同时村内农户也会充分利用当地优越生态环境，每家都有合适的保障性水源点，当地居民安全饮水有保障。在医疗保障方面，建档立卡户通过合作医疗报销比例约在95%，其余支出部分可通过申请大病救助得到补偿，若自付部分数额仍较大，还可向民政局申请"一事一议"，可获得3万元以内的救助。在一系列医疗保障措施下，农户自费部分几乎没有，农户基本医疗有保障。

迪政当村在下一步的乡村振兴工作推进中，将进一步围绕中药材种植、特色养殖等产业发展为主线，形成具有竞争力的地方特色优势产业，全面推进产业融合发展。同时，将进一步发挥基层党组织凝聚力和战斗力，注重激发农户内生动力，在产业合理布局等方面下足绣花功夫。

（二）献九当村

献九当村（98°19′51.28″E，27°56′13.07″N），隶属于云南省贡山县

独龙江乡，位于贡山县西部，平均海拔约1700米，全村村域面积215.25平方千米（耕地645亩）。全村原有7个村民组，通过移民搬迁集中安置，现共有4个安置点，共222户800人（建档立卡户111户413人），为纯独龙族聚居村落。全村现共划分为4个片区，现有党支部4个，党员59名，建有党员活动室4个。

当地农户收入主要依靠草果种植、乡村旅游、劳务输出、中草药种植及其他传统种植养殖等，其中以草果为主导产业。全村累计种植草果约9500亩，其中迪兰组38户共种植草果1794亩，白崩组24户共种植草果1170亩，丁给组40户共种植草果1999亩，丁拉梅组38户共种植草果2031亩，献九当组38户共种植草果1671亩，齐当组18户共种植草果1288亩，肖切组24户共种植草果1334亩。村内自20世纪80年代开始陆续发展草果产业，现在草果成为当地支柱产业，但当前因原生草果市场饱和问题，当地正在尝试进行产业升级和产业转型。

自脱贫攻坚以来，为改变产业发展局限，献九当村针对产业发展进行了多样化改革。同时，在扶贫工作队、村支两委和农户的多方协作下，当地一直尝试进行多产业选择。如依托当地优越自然条件发展养蜂、羊肚菌和中草药种植等，但因缺乏专业技术指导，缺乏对当地自然地理环境的充分认识，对当地产业的发展产生一定负面影响。如发展养蜂产业具备较好生态环境，但因受熊等野生动物的影响，产业发展不成功。同时，村内产业发展存在明显的两极分化，在沿独龙江上下游的两个地区产业发展条件存在明显差异，下游地区温度较为适宜，产业发展适应性较强，上游地区受温度条件限制，经济效益不明显。

自2010年开始，当地开始实行移民搬迁，逐步将居住于高山地区的居民集中安置到统一地点，以进一步改善当地居民生活环境。自2014年开始，独龙江乡针对移民搬迁安置开始整乡推进，截至2016年，全村共建成集中搬迁安置点4个，已完成全村农户100%集中搬迁安置，使得当地基础设施薄弱、人居环境差的状况得到改善。农户搬迁过后，为进一步改善生活质量，当地坚持从激发农户内生动力出发，培育良好生产意识。随着异地搬迁的持续推进，当地在交通、通信等方面实现了质的飞跃。但因深处独龙江河谷地带，区域小气候显著，全年有约300天时间都有降雨，生态脆弱性极为显著，对当地交通、产业等产生明显影响。

交通对于当地脱贫乃至生活质量的提升尤为重要。道路基础设施建设方面，全村现在已实现通村、通组硬化路面建设，但受自然灾害影响较大。当地在沿独龙江河道上仍保留有一定数量的溜索，以前交通不便的时候用于当地居民过江使用，随着交通条件的改善，村内在沿江河道上已建成一定数量的钢架桥，进一步解决了当地居民出行难的问题。在饮水保障方面，当地植被覆盖率较高，雨水涵养较好，当地集中搬迁安置点居民已实现安全饮水全覆盖，并相应建有保障性蓄水池。自脱贫攻坚工作开展以来，全村在住房、教育、医疗等方面取得明显改善，在2016年已全部完成异地扶贫搬迁安置，已实现安全稳固住房100%全覆盖。因为当地多雨的特征，为进一步满足搬迁社区农户的文娱活动需求，当地已立项进行室内运动场建设，但因道路交通的限制，材料运输上存在一定困难。

献九当村在下一步的乡村振兴工作推进中，将进一步以草果种植、乡村旅游发展为主线，全面推进产业融合发展。在草果种植上，会进一步联合周围其他村寨进行合作种植，村寨之间进行优势互补，进一步促进草果产业的发展；同时，将进一步优化村内4个党支部组建的4个合作社，实现最大化的功效发挥，在草果产业的发展上突破以往由村委会负责对接到由合作社进行对接，进一步增强农户的发展自主性，激发内生动力。

（三）孔当村

孔当村（98°20'20.59"E，27°52'18.99"N），为现独龙江乡政府驻地所在，位于贡山县西北部，平均海拔约1600米。村域面积457平方千米，是独龙江乡面积最大的行政村。全村共11个村民组，269户1040人（建档立卡户79户180人），共6个党支部，建有党员活动室6个。

孔当村村民经济收入主要依靠草果、劳务输出、旅游业、挖野生药材等。全村草果种植面积共有约20900亩，每户种植草果面积不少于100亩，孔当村草果种植面积约占全乡的1/3。当地种植草果从2006年开始，2009年开始陆续有收益，最开始种植时草果苗主要是以国家发放为主。从2017年开始，每年针对草果种植都会组织村民进行培训，从2017年开始，村内开始以自主育苗来载种，2020年开始育苗销售。因土质、气候、自然灾害等多种因素的影响，当地草果收益差异较大，亩产值在1000—7000元不等。村内现在草果种植已基本达到饱和，且草果面临销售瓶颈。当地产业的发展受气候、泥石流等自然灾害的影响较大，2020年因泥石流影响，受损约200亩。村内现在正在进行产业结构调整，推广种植重楼、葛根、黄精等中药材和羊肚菌。

自2010年开始，当地开始实行移民搬迁，逐步将居住于高山地区的居民集中安置到统一地点，以进一步改善当地居民生活环境。截止到2016年，已完成全村农户100%集中搬迁安置，使得当地基础设施薄弱、人居环境差的状况得到改善。当地道路基础设施建设的完善是首要需要解决的问题，受当地生态脆弱性的影响，道路夏季受泥石流灾害影响较大，冬季受大雪封山影响出行较难。同时，暴雨和暴雪天气对当地的电力设施、网络通信等影响也较大，会导致当地与外界的联系中断。

在道路基础设施建设方面，孔当村现在虽已实现通村硬化路面建设，但受自然灾害影响较大。当地在沿独龙江河道上仍保留有一定数量的溜索，以前交通不便的时候主要是用于当地居民过江使用，随着交通条件的改善，村内在沿江河道上已建成一定数量的钢架桥，进一步解决了当地居民出行难的问题；传统的溜索现在主要用于草果运送，也进一步促进了当地草果产业的发展。在饮水保障方面，村内修建了大量的蓄水池并铺设了饮水管网，当地居民已实现安全饮水全覆盖。

孔当村在下一步的乡村振兴工作推进中,将进一步以草果、乡村旅游发展为主线,加大产业扶持的力度,增强对乡村旅游发展中民宿、农家乐业务人员的培训,促进乡村旅游中业务能力的提升。

(四)巴坡村

巴坡村(98°20'57.51"E,27°44'12.30"N),隶属于云南省贡山县独龙江乡,位于贡山县西部,平均海拔约1350米。全村共8个村民组,235户911人(建档立卡户111户430人),为纯独龙族聚居村落。全村村域面积443平方千米,有耕地560亩,林地43313亩(其中公益林5600亩)。全村现有党总支1个,党支部5个,党员99名(其中女性党员27名),现建有党员活动室6个。

2010年以前,当地居民主要居住在沿独龙江两岸的高山上,居住相对较为分散,受交通条件的限制,出行也较为不便。自2010年开始,当地开始实行移民搬迁,逐步将居住于高山地区的居民集中安置到统一地点,以进一步改善当地居民生活环境。截至2016年,全村共建成集中搬迁安置点6个,已完成全村农户100%集中搬迁安置,使得当地基础设施薄弱、人居环境差的状况得到改善。

巴坡村村民经济收入主要以种植养殖、劳务输出和乡村旅游等为主。在乡村旅游的发展过程中,因受当地地质因素的影响,道路交通易被泥石流等自然灾害中断,对交通的可进入性产生影响。全村种植业现在主要以种植草果为主,累计种植面积达到2.3万亩。在草果产业的发展上,当地主要分为三个阶段。首先是2010年以前,种植面积约8000亩,主要集中在海拔1400—1600米之间的地区,因受种植专业技术限制,成功率较低,主要依靠政府提供种苗。其次是2011—2016年,新种植面积约1万亩,主要集中在海拔1400—1600米,当地开展了大量针对草果种植的培训,草果产业对农户增收成效显著，此阶段仍以政府提供果苗为主。最后是2017年之后，新种植面积约5000亩，主要集中在海拔1700米左右及其以下空置地区，随着种植技术得到提升，当地已开始进行自主育苗，草果产业发展促进农户增收效果进一步凸显。

在道路基础设施建设方面，巴坡村现在已实现通村硬化路面建设，但受自然灾害影响较大。当地在沿独龙江河道上现在仍保留一定数量的溜索，以前交通不便的时候主要是用于当地居民过江使用，随着交通条件的改善，村内在沿江河道上已建成一定数量的钢架桥，进一步解决了当地居民出行难的问题；传统的溜索现在主要用于草果运送，也进一步促进了当地草果产业的发展。在饮水保障上，当地植被覆盖较高，雨水涵养较好，集中搬迁安置点居民已实现安全饮水全覆盖，并建有保障性蓄水池。自脱贫攻坚工作开展以来，全村在住房、教育、医疗等方面取得明显改善。全村建档立卡户农村合作医疗已全部覆盖，村民到乡镇卫生院或县医院就医可报销70%至80%，异地转院就医可报销约65%，村民基本医疗有保障。

巴坡村在下一步的乡村振兴工作推进中，将进一步以草果、乡村旅游发展为主线，全面推进产业融合发展、综合环境再造、乡风文明培育、基层治理提质、农村人才集聚、促进农民增收。实现乡村产业更兴旺、乡村环境更美丽、乡风文明更淳朴、乡村治理更有序、农民生活更美好，群众获得感、幸福感和满意度显著增强。

（五）龙元村

龙元村（98°19'0.55"E，28°1'54.31"N），隶属于云南省贡山县独龙江乡，地处独龙江乡北部、贡山县西北部，距乡政府驻地约20公里，距县城约100公里，平均海拔约1750米。全村共5个村民组，170户579人（劳动力人口383人），为纯独龙族聚居村落。全村面积210.2平方千米（耕地334亩，林地100262亩），年平均气温约17.2℃，年降水量2940—3800毫米。

现有党总支 1 个，党支部 5 个，党员 51 人，建有党员活动室 5 个。

全村 5 个村民组，2010 年以前，主要居住在沿独龙江两岸的高山上，居住相对较为分散，人居环境差，基础设施欠缺。2010 年起，当地开始实行移民搬迁，村内现建有集中安置点 4 个，全村约 95% 的农户已搬迁至集中安置点居住，基础设施薄弱、人居环境差的状况得到改善。

龙元村村民经济收入主要以种植养殖为主。在种植养殖中，以草果、花椒、重楼、羊肚菌、中药材和独龙牛、鸡等为主。全村现在草果累计种植面积达到约 8000 亩，自 2006 年怒江州实施"四个百万工程"建设以来，龙元村充分利用村内大量的林地和闲置地发展草果种植。通过草果种植，从望山兴叹到做活"山字经"，龙元村从草果产业发展中看到了"靠山吃山"脱贫致富的希望。在中药材种植方面，村内已成立 7 个中药材种植专业合作社，其中主要以种植黄精（约 200 亩）、重楼（约 150 亩）等为主。在中药材与草果的种植空间布局上，根据作物特性进行分类布局，中药材主要集中在海拔 1300—1500 米之间的低海拔区域，草果主要种植在 1500—1700 米之间海拔相对较高的区域。当前，村内针对产业培育和多元化推进，以调动农户的积极性为主要抓手，关注销路和价格这两大影响农户积极性的因素。

在下一步的产业提档升级过程中，龙元村计划进一步依托怒江第一湾、石门关、独龙江等旅游景点，及独龙牛、贡山大理石、咕嘟酒、板栗等特产发展乡村旅游。村内当前已完成公路的硬化路面建设，但因受地质因素的影响，容易被泥石流等自然灾害问题影响通行。

在饮水保障方面，当地集中搬迁安置点居民已实现安全饮水全覆盖，分散居住的农户得益于当地植被覆盖率较高、雨水涵养较好的特点，饮水资源充足，并相应建有保障性蓄水池。在人居环境提档升级上，村内现已投入污水处理、垃圾无害处理等设备，人居环境进一步改善。自脱贫攻坚工作开展以来，全村在住房、教育、医疗等方面取得显著发展，在 2016 年已实现农户安全稳固住房 100% 全覆盖，全村建档立卡户农村合作医疗缴费率 100%，村民基本医疗有保障。

龙元村在下一步的乡村振兴工作推进中，将进一步以草果、乡村旅游发展为主线，立足自身资源禀赋做好产品开发和产业培育，努力让"大资源"变身"好产品"和"大产业"，全面推进产业融合发展、综合环境再造、乡风文明培育、基层治理提质、农村人才集聚、农民收入增加。

（六）马库村

马库村（98°18′10.05″E，27°40′56.73″N），隶属于云南省贡山县独龙江乡，位于贡山县西南部，地处独龙江乡最南端，平均海拔约1840米。马库村西面、南面与缅甸木克嘎接壤，东邻贡山县茨开镇，北邻独龙江乡巴坡村，境内有39、40、41、42号界桩。全村辖4个村民小组，即马库、独都、钦兰当、迪兰当，共79户386人，村域面积86.08平方千米（耕地约167亩，林地约81398.55亩），年平均气温约19℃，年降水量在2978—4000毫米之间。全村现有1个党总支，3个党支部，共36名党员。

全村4个村民组在2010年以前居住较分散，人居环境差，基础设施欠缺，受交通条件的限制，出行也较为不便。自2010年开始，当地开始实行集中搬迁，逐步将居住于高山地区的居民集中安置到统一地点，以进一步改善当地居民生活环境。截止到2016年，全村共建成集中搬迁安置点5个，其中，2010年建成的搬迁安置点规模较小，共安置7户；2014年建成的搬迁安置点规模较大，A、B、C、D 4个安置区共集中安置72户315人。现已完成全村农户100%集中搬迁安置，当地基础设施薄弱、人居环境差的状况得到进一步改善。

马库村村民经济收入主要以种植养殖业为主，当前正在陆续开展乡村旅游业。在种植业方面，全村现在主要以种植草果为主，累计种植面积达到6000亩，已挂果的约3000亩。当地草果种植，主要以2010年和2016年两年集中种植为主，随着种植技术的提升，应对草果种植相关病虫害的能力得以增强,当前草果产业对村民增收促进效益相对较为明显。此外,村内有待进一步开发的资源还有桐油(约20亩)、竹笋(年产量4万公斤)、董棕粉(年产量约5000斤)、中蜂(1200箱)、独龙鸡(年出栏约1000只)、独龙猪(年出栏约140头)、独龙牛(存栏约200头)、石斛等。通过对此类资源的进一步深度开发挖掘,马库村将进一步促进村内产业发展的多元化,创新农户增收渠道。在乡村旅游的发展上,村内当前正处于起步阶段,相关配套基础设施正在进一步完善,现已建成部分观景平台、观景栈道,村民已自建农家乐和乡村客栈3家。

在道路基础设施建设上,通村独龙江公路已实现硬化路面建设,但受自然灾害影响较大。在饮水保障工程上,集中搬迁安置点居民已实现安全饮水全覆盖,并相应建有保障性蓄水池。自脱贫攻坚工作开展以来,全村在住房、教育、医疗等方面取得明显改善,全村建档立卡户农村合作医疗已全部覆盖,农户参保率达到98%,村民基本医疗有保障。村内现在保留有教学点1处,全村现共有在校学生39人,适龄儿童全部入学。

马库村在下一步的乡村振兴工作推进中,将进一步以多元化产业发展为导向,在打牢草果产业发展的同时,深耕乡村旅游、中药材、特色种植和养殖业等,进一步加快开拓创新,努力为村民拓宽增收渠道。同时,将进一步加大结对共建,增强基层党组织凝聚力和战斗力,努力增强群众获得感、幸福感和满意度。

附录二 驻扎式调研期间访谈录音整理

一、贡山县老县长高德荣访谈

(一) 访谈基本信息

	第一次访谈	第二次访谈	第三次访谈
访谈时间	2020年10月10日上午	2020年10月10日午餐时	2020年10月10日下午
访谈地点	老县长家	独龙江乡	独龙江乡
访谈人	孙兆霞、张建、徐磊	孙兆霞	孙兆霞
被访人	高德荣	高德荣	高德荣
访谈时长	4小时57分	17分11秒	8分84秒
访谈录音整理字数[①]	34660字	2981字	1821字

---

① 此字数为录音整理初稿字数,出版时有所修改,下文同。

（二）老县长高德荣简介[①]

高德荣，男，独龙族，1954年3月生，云南贡山人，先后任独龙江乡长、贡山县人民政府副县长、县人大常委会主任、县人民政府县长、怒江州人大常委会副主任、怒江州委独龙江乡整乡推进整族帮扶（沪滇帮扶）综合发展工作领导小组副组长、怒江州委州政府独龙江乡"率先脱贫全面小康"行动协调领导小组副组长，2014年5月退休。

1999年9月29日，荣获国务院授予的"全国少数民族团结进步模范"荣誉称号；2013年12月，荣登中央文明网中国好人榜；2014年12月29日，荣获中共中央宣传部授予的"时代楷模"荣誉称号；2015年2月2日，荣获中共中央组织部授予的"全国优秀共产党员"荣誉称号；2015年10月13日，荣获中共中央精神文明建设指导委员会、全国总工会、共青团中央、全国妇联等部委授予的"全国敬业奉献道德模范"荣誉称号；2016年10月16日，荣获国务院扶贫开发领导小组授予的"全国脱贫攻坚奖"荣誉称号；2018年8月29日，荣获中国侨联、国务院侨务办公室授予的"中国侨届杰出人物"荣誉称号。2015年1月20日，受到正在云南考察的习近平总书记亲切接见。

（三）访谈内容

孙：我们这次的来意，可能乡里边和县里边也跟您汇报过，我再跟您汇报一下，老县长。

高：我知道了。

孙：他们都跟您说了？那好，老县长，今天来向您请教的主要有几点。

[①] 关于高德荣老县长的简介，参见中共中央宣传部：《中华人民共和国成立70周年 最美奋斗者》，http://zmfdz.news.cn/57/index.html；《时代楷模高德荣》，中国文明网（云南），http://yn.wenming.cn/2014zhuanti/2014gdr/；《"人民楷模"国家荣誉称号获得者高德荣》（2020-05-01），求是网，http://www.qstheory.cn/dukan/qs/2020-05/01/c_1125924022.htm。

对您，从州里边、县里边、乡里边，到老百姓，一提您都赞不绝口，都觉得没有您独龙江乡不会有今天。那么我们要讲中国故事，既然中央和国扶办把咱们独龙江乡的经验总结的任务交给我们了，我们的工作也必须要踏踏实实地做好。您这块的工作，您的想法，对案例总结非常重要。所以我们今天来，主要是有几个问题要向老县长请教。第一个，是咱们独龙江乡怎么走过来的；第二个，几个大的标志性事件，也想请您谈一谈；第三个，还有对未来，咱们怎么发展的想法。

高：我是1954年出生的。独龙江的解放和贡山的解放是一样的，也是1949年，那是独龙江真正的解放，1950年10月，解放军进驻独龙江。

孙：1950年10月，还是4月？

高：10月。4月进不来，那个时候大雪封山，准确地说，1950年10月解放独龙江，也就是解放独龙族了。从那时候开始，独龙族的政治地位、社会地位就有了，对吧。独龙族原来没有族名，你看确认独龙族就是第一届全国人民代表大会，会议期间，毛主席、周总理等党和国家的领袖们进行了一个专门座谈会。在西南代表团里面，周总理问孔志清——正好是这里刚刚走的乡长的爷爷："您从哪里来？""我从独龙江来。""你们自称什么族？""我们自称独龙。"

孙：有一个自称？还是那么问的？

高：自称！周总理说："自称独龙的话，那就叫独龙族。"这个是周总理的原话。这样独龙族的名字、族别定下来了，那么，从这个里面政治地位、社会地位都有了，真正的是一个民族的解放。

孙：老县长，我想请您再具体地定位，政治地位您讲了，您强调人的社会地位，我们怎么解读？

高：政治地位，对，政治地位上面，其他民族能够享受的各方面政策，独龙族一道能够享受这个是政治界，包括能做官，在那个地方要有一个负责人，干什么的都有了。那个时候自治县还没有成立，1956年10月1日国务院批，我们孔乡长的爷爷做贡山县的副县长、独龙江区的区长，能坐区长是因为他是独龙族里面的第一个。

过去县里独龙族当官的都没有，现在说的是没有政治地位，也没有政治资源，也可以说是没有政治资格吧，这个是政治上，政治上我就讲这么多了。您看社会上，能够得到社会上公认，确认独龙族，在社会上每到一个地方都没有受到人家的欺负，就是社会地位。我们这个就讲这么多了，也有很多资料。你们专家看看。

孙：都看了，也找到的。

高：解放以后，独龙族有了政治地位了，有了社会地位了，那么独龙族、独龙江地区怎么发展？怎么建设？有什么问题？党和国家一直关心、关爱独龙族，以前独龙江是一个民族的聚居地区，你们要把这个大的问题认识清楚。独龙江是独龙族的聚集区，一个民族的聚集区，独龙族的集聚区。过去独龙江，到1973、1974、1975年，江上面才有3座到4座钢索桥，再之前，1968、1969年才开始有吊桥和钢索、人马吊桥，我说的钢索吊桥是人马的，之前的话都是藤溜索，还有蔑编来做桥，然后用那些来做过江过河的交通工具。

孙：那么什么样的多一点？

高：溜索多，那个溜索，一个星期要换一根。一个星期为什么要换一根？一是独龙江它雨水多，二是这个时间长了以后，会脱掉，一般都是三根。一个星期要换一根，第二个星期也要换掉，三七二十一，三根要换完，要一直换，过江的也好，过河的也是这样子。然后过岩子，还有保险带，溜索保险的事都是投资。

孙：过江河、过岩，都非常危险，您看我们没来请教您之前，对过岩的这块还没概念。

高：公路通了以后与公路不通以前，我比较了一下，2014年开始，进来独龙江的党和国家、全国人民各方面帮助的物资，就运输量来看，超出了前面三四十年的量。公路通了以后，特别是娃娃，春节想家、想父母，要回来，隧道打通了，从7天路变6天路，从6天路变3天路，从3天路到1天路，从一天路到半天路，从半天路到2个小时，整了五个阶段。习近平总书记讲一个民族都不能少，一个民族都不能掉队，一个贫困地区都不能丢下。现在我们学习总书记讲话，党和国家、社会各界关心帮助我们独龙族，让我们在政治上、社会上有了面子，这个是第一个。

我们老一辈同志文化水平虽然赶不上我们，但是他们做出来的事却是一步一个脚印。现在我们是在他们打下的基础上，不断努力提升，不是停留在那个位置上。我们要学习老一辈的精神。所以刚才我为什么说当时内地的帮助独龙族，解放独龙族，解决独龙族问题。同志们那个时候工资也不高。到了独龙江，三四五六年在一起，也回不了一趟家。所以当时的奉献精神我们要学习，要代代传下去。现在虽然各方面好了，但是要的就是习近平总书记说的不忘初心，就是要把我们的使命牢记好。我们老同志们说怀念，就是这个精神上的怀念。你看咱们做出了实实在在的东西，这样解决了生存和发展问题，独龙族一步一步地上来了。

想想我们的祖先们过的是什么生活？现在我们在过的是什么生活？我们过的是想都想不到的天堂生活了，已经在天堂。但是说实话，跟内地比、跟大哥大姐比，再不努力，那快赶不上他们了。那么我们现在一定要把过去的记住，我们独龙族这样过日子要好好的，同一代的还要传给下一代。要不忘初心，就是不能忘，特别要感谢、感恩，所以我们要珍惜好这个年代，也要热爱自己的祖国，热爱自己的党。我在自治县成立50周年的时候，写了一首歌叫《独龙人民跟党走》。所以我说下一步学校里面的话，都要专门解决这个问题。以后忘记了不好，如果你忘记了我们是怎么过来的，好像独龙族是天上掉下来的，不是。我们要好好读书，好好地建设和保护好我们的家乡，是对内地的大哥、大姐妹们的最大的贡献了。独龙族人民永远听共产党的话，一定要跟着共产党走，永远相信共产党，共产党是我们的母亲。独龙族虽然人口少,但也是跟着党走的一个民族。所以书要读好,要建设好。现在可以进入第二个问题。

孙:对,第二个问题就是您的工作经验了。

县:现在基础要打好,也要抓住这个机遇。现在年轻人都有学习的机会,各方面考察学习的机会也可以比比。人家都是在舍不得吃、舍不得喝、舍不得用、省着钱用、流血流汗的,这个钱拿给我们独龙族人民,让我们也过上好日子,这个事情我们一定要铭记、要学习,那么我们就要好好的,一是要读书好。我们向全世界承诺,建党100年的时候脱贫摘帽,在脱贫摘帽的基础上进入小康,到建国100年的时候,要和全国各族人民一起建成社会主义现代化强国。现在还有二三十年,到那个时候,30年后,家家户户里,都要有一个大学生。除了建档立卡户以外,家家户户都要有。那是建国100年的时候,独龙族的奋斗目标。我们现在不读书,一点都不会做,一样都不会做,还是赶不上人家,还是要贫穷、挨饿,让人家看不起。你高中毕业,种出来的东西吃不成,养出来的东西,猪也好,牛也好,羊也好,也吃不成。人家不要,因为你水平不高。要有科技文化知识,今后才能过上好日子。

我说以后村民小组的组长,最少得是大学生,找不到的时候,专科毕业的才可以。村委会最少都要本科生。之前我当县长,县里面没有研究生、(硕士研究生),独龙族里找不到学问高的。以后要读到博士、博士后来当县长,不是的话发展不了,解决不了独龙江的问题,这个是我们的奋斗目标。我们说"两个一百年",我们要奋斗。奋斗的话,这个问题也不难。现在要打好基础,要好好读书,高度重视我们的文化。在我们农村里面,连我都是普通话说得不清楚。现在的娃娃讲普通话,父母亲连自己的孩子讲什么都不知道,所以不读书不行,赶不上人家。家家都有个大学生,才能够解决你的问题。你的问题不解决,你说要对得起共产党,你要对得起政府,你要对得起全国人民、社会、国家,你说啥都没有用,你自己的问题解决不了。人家已经帮你忙了几十年了,你还解决不了自己的问题,你不读书没有知识,解决不了你的问题。解决了你自己的问题就算是对得起共产党,就算是做贡献。这个是第二个,对于我来说已经看到了未来独龙族的希望。可以说,不返贫的希望在哪里?就在这个地方(读书)。

您提出来第三个问题,贡山独龙族怒族自治县是边疆县,也是深度贫困的县。我们贡山独龙族、怒族必须要过上幸福、美好的日子,那么怎么办?该开放的要开放。

产业发展和今后的旅游是最后一步战略。先把基础设施抓住。抓住国家、企业、全国人民各方面给我们帮助的这个机遇,把基础设施建设好。我这句话是2006年在北京,在第十届全国人大第四次会议上讲的:在保护中发展好,在发展中保护。我们贡山独龙族、边疆人民要对国家作贡献,最好的优势在什么地方?不乱砍,不乱烧,不乱挖,这个最好。今后乱砍、乱伐的问题不能再做了,我们为全国人民、大哥大姐做一点贡献,能够把独龙江完整地保留下来,大家来看一看。这个内容我是放在最后一步战略里面。能够把环境保护好,才对得起我们的祖先,对得起我们的子孙,对得起我们的国家。现在各方面基础设施建设都没有搞好,人家来都不安全,还在宣传什么?没得了。现在我们产品都还没有,理想的产业都没有。基础设施先把它搞好,条件搞好了以后,人家来的人要相当安全,安全了以后才舒心、开心,没有白来。独龙江是全州人民的、全省人民的、全国人民的,也是世界的。现有的、完整的自然资源保护下来,这是对全省的贡献、对世界的贡献、对人类的贡献,对得起祖先,对得起子孙,这个就是贡献,无形的贡献,无形资产,国家的资产、人民的资产,人类的资源,认识要提高到这。好,既然是无形资产,国家的资产,大家来看看,看也是一种享受。如果一样都没有,不毛之地,人家来看什么?我们要做这方面的工作,在保护中发展好,发展中保护。这样以后才搞旅游,包括基础设施安全,包括接待,光用独龙族那一套来接待也不行。我们要去学习、培训,但是去学习、培训,

千年一跃：独龙江畔的脱贫攻坚实践

首先要有基础知识，没有文化是学不来人家的，是没有办法学的，所以学习，从现在开始。那么要有前面二三十年准备。我们抓住国家的政策、机遇，该做的做好。现在我为什么不说欢迎来旅游？我不敢说，对，我不敢说。我们小家的战略要做，小家的战略要融入大家的战略里面。再过 10 年、20 年，同大哥、大姐们一样的，日子各方面过上、过好，要把家园建设成美好的家园。把山、水都能够变成金山、银山，这个目标的实现应该说没有问题。建国 100 年时，这些大的问题要解决，技术性的问题，就是要解决道路交通。然后还有三个台阶。现在的路还不行，每次中央领导来，我们都提出来这个问题。现在我们做的产业是保护和发展的产业。我们现在刀耕火种已经结束了。2002 年 9 月 11 号，省委专门派了一个副省长，针对独龙江刀耕火种、一山一山地烧、一山一山地砍的问题，开了一个会议以后，能够退的全部退，不再砍，不再刀耕火种了，现在能够看得见的都是种出来的。再一个的话，生态破坏大的一些产业，坚决不能搞。必须要做好生态和谐发展的产业，人与自然和谐发展。现在我们从草果开始，您看退耕还林以后，也是新的生态，现在 11 月份，就能看到整个独龙江的草果，这个叫和谐。这个还不够，下一步怎么办？还有其他生态产业，种植葛根、重楼，还有一些种类，还有养蜂等。今后一直是依靠大哥、大姐不行，还是自己要自立，主要是要自强，破坏性的产业是坚决不能做。

孙：谢谢了，老县长，一口气就拉完。在上传下达、怎么沟通及最后一公里上，老县长的这个作用不得了。另外，怎么样将当地的内生动力培养起来，我们已经有一些基础了，那么在将来，怎么来做这个事情？也想通过您现身说法，给我们有些启示。

高：刚才我也谈到，关键还是人才，人才就是干部。政治路线确定之后，干部就是决定的因素。那么干部水平不高，作风不扎实，不是一心一意，不行。人才是不但要做得出来，还要做得好，还要能够发挥效益。如果干部的作风不扎实，干部的水平不高，特别是有些事情敷衍了事，要报一个数字,为了应付,在数字上多下功夫,这个不行。对干部的培养,要在实践当中培养,人的聪明从哪里来的?是从天上掉下来的?是从地上摸的?都是实践里面出来的。实践上升为理论,理论用来指导实践,结合实践。那么这个问题,我们国家、我们的党已经考虑到,我们已经正在做,而且做得好。您看全国56个民族,都解决了脱贫摘帽的问题,在世界上都不得了。如果没有中国共产党的执政,没有中国共产党的领导,我们国家这次新冠疫情的影响可能还要大很多。所以干部的作风很重要,真的,干部的作风不扎实,工作不深入,思想不深入,没有好的知识,你拿起一坨金子,最后金子也会变成石头。

孙:我们这次来,今天您才见我们,您是不是也这样想的?

县:实际上我都是这样子做。我说你们记者就不要找我了,你自己下去看是不是,这个才是踏实。然后我说有些领导在骗你的。我们当向导,你实际问题插不上手,你们自己看,自己问,然后自己了解,自己也踏实一点。曾经有的领导,走马观花,开口就讲,讲完走了,你还放心地走,我是不放心,你也没有到实地里面看。

孙:老县长,这还有一个问题。就是您看,特别到脱贫攻坚期间,全国特别是西南地区,我们也长期做调研,就会发现易地扶贫搬迁、农业产业扶贫,如果只抓一样的话,效果不一定那么好。对这个也想听听您的意见。

高:一开始省委提出来退耕还林不难,易地搬迁非常难。然后产业发展,特别是我们讲独龙江,种草果产业发展也非常难,这两个相当难。但是刚才我已经说过了,你要将看得见的事做出来。一开始计划生育也非常难,但是后面你扎扎实实地做,看得见,尝得到实惠了,有时候觉得少生也非常好,就不难,这个就是独龙江的计划生育。但是一开始他还没得到实惠,干部把党的路线方针政策贯彻执行好,扎扎实实做出事,他想得到的好处是我做出来的,后面就不难了。但是必须接着做,要坚持。说实话,整个工作过程太累了,也在不想干,怎么坚持下去?例如草果,前面那个过程是非常难的过程，经历过来了，但是下一步有它的市场问题，那天在县里边也跟他们谈，可能这问题是现在需要考虑的问题，首先要培育产业，有了产业要有产品，还要有一个市场，没有市场变不成商品，产品到商品，这是市场问题。

产品的质量问题、特色问题，这个是我们需要解决的。草果是一样的，但是它的品质不一样，我 2009 年 9 月专门到云南农大，了解到有 4 个品种。这里有一个品种的选择问题，我们试种植，两个多月出来了，品质相当好，跟其他地方不一样。现在有了产品以后，怎么进入市场？目前的产能只有这么多，小老板拿出去，其他的未必能超过独龙江的品质，肯定是不一样的。长期都是在卖独龙江的草果，那就好卖了。但是产品多起来，现在要靠珠海、上海、深圳这些发达城市、发达地区来帮扶我们，要一条龙，因为我们这个市场太小，我们的草果很难卖。

除了市场问题，还有产品质量问题，要通过科技。现在扶贫解决了生产问题，下一步还有市场销路要同时解决。同样的产品，产品的质量就不一样，品质不一样，价格也不一样了，这个问题要解决，都是要依靠科技。通过科技体制，比如说一条龙地来帮扶我们，这样农民也不亏了，我们信心是越来越足了。还有生态保护等一些问题。要用足够的科技知识来解决这些问题。

目前电力还满足不了，装机容量太小，现在正在从雪山上搞，本来是今年 35 千伏要进独龙江，现在农村我们强调的是生活上能够看电视，能点着电灯，能够打着你们的手机。通信上还要有几个科技行业的公司进来，您看今年 5 月 25 号洪水灾难百年不遇，年前不中断的通信终端出现漏洞了，我们这个地方的灾情各方面都报不上去。那么下一步这些基础设施的建设还要再提升。在通信问题上，还是需要一些结合实际的研究。

旅游是最后一步战略，我们现在要为将来的旅游打基础。基础建设从 2001 年开始，原来贡山是一直到县城，来的人是最先到县城，路没有了。现在我们提出来，"东进西出，南下北上"，东有怒江、金沙江、澜沧江、独龙江全部连起来，还可以进到西藏，这里面有通往北京的路，路也要好。现在我们在中国共产党领导下，各种各样的制度、政策非常完善、非常先进。有了制度保障，大家干，那么变成了一个汪洋大海。

二、时任怒江州委独龙江工作组专职副组长高松访谈

（一）访谈基本信息

	第一次访谈	第二次访谈	第三次访谈
访谈时间	2020年10月11日	2020年10月12日	2020年10月12日
访谈地点	巴坡村委会	马库村委会	马库村委会
访谈人	孙兆霞	孙兆霞	孙兆霞
被访人	高松	高松	高松
访谈时长	31分38秒	96分	60分
访谈录音整理字数	6206字	20408字	12200字

（二）高松个人简介

高松，男，1980年1月生，中共党员，籍贯云南省兰坪县，毕业于云南大学经济学院，时任中共怒江州委独龙江工作组专职副组长、独龙江乡脱贫攻坚和基层党建实战队大队长、怒江州商务局副局长，在独龙江乡牵头开展巩固脱贫成效、探索实践乡村振兴相关工作。

（三）访谈内容

1. 对独龙江下一步怎么做的看法

高：我觉得修道路对独龙江的生态承载力的影响，需要进行科学评估，

千年一跃：独龙江畔的脱贫攻坚实践

这个是生态，但是从国家战略的角度，路是可以修的。独龙江的生态确实比较脆弱，保护好我们的生态，守护好我们的边境线，在产业方面以这种生态农业和生态旅游为主就可以了，外贸和边贸不要作为独龙江发展的重点，在产业结构上，基础设施这一块，我想要对进来的这条路改造升级，同时往北边走，西藏的这条路可以考虑一下。因为现在在老爷子①的主导下，我们已经把独龙江的公路修到了西藏边上，前段时间察隅县的人大代表的考察团、调研团也来过这个地方。在独龙江的路通与不通这个问题上，目前分成两种意见，一种是因为要保持独龙江的神秘性，不要四通八达，但是通过与工作在独龙江和生活在独龙江的这些老百姓聊天交流，可以发现，工作在这里的人、生活在这里的人还是希望通过去、多一条保障。

那么从旅游的角度来说，我个人认为这条公路绝对会在全国一炮打响，为什么？它是海拔最低、行程最短的一条进藏线，也很有可能是景色最美的一条进藏线。它对独龙江的旅游产业的再提升，是非常有好处的。

现在电的问题基本上有眉目了。35千伏的高压线计划在年底架通，这样独龙江的内网和外网就架通了。我们现在三天两头断电的问题就可以解决，好多开农家乐的老乡就跟我讲：高队，我是卯足了劲要大干一场，宰了一头牛放在冰柜里面，你看完蛋了，一停电几千块钱的肉全部臭了，这里空气湿度又大，不能把牛羊肉晾晒。电的不正常，路的不正常，对老百姓下一步想挣更多的钱、开更多的店都有很具体的影响，所以现在两大制约因素就是路和电的问题。

产业方面的另外一块就是劳动技能的培训和培养，我们想继续做。以前可能搞得更多的是这种引导式的培训，引导式的培训时间比较短，内容针对性可能差一点，下一步我们就想搞专题式的培训，时间要放长到一个月左右，基本上参加过培训的这些老乡回去，都能够把这些学到的技能在实际生

---

① 当地干部群众对老县长高德荣的敬称。

产当中加以运用。

孙：从引导性的培训到专业性的培训，讲具体一点。

高：举个例子，乡村旅游培训这一块，我们要从具体的独龙江菜式的研发、接待的礼仪还有餐饮的卫生规范等方面来进行培训，包括财务上的一些简单的操作，比如说发票怎么开等，每个人经过培训都能实操性更强、针对性更强。以往的引导式培训可能老师和学生比较差的比较多，每个学生自己上手实操的机会比较有限，下一步我们就想进行更精准的培训，时间上更有保障。技能培训的重点还是在乡村旅游这一块上，还有电商培训。

孙：电商这一块，从发展前景来看，在现在已有的基础上，能够做些什么事儿？以后会是一个什么状态？

高：独龙江目前的商品量不大，再加上我们的物流成本比较高，也受制于就地建厂的环保手续的限制，所以规模化的组织生产、规模化的运输，应该不符合独龙江的产业基础现状。所以对于独龙江各种体量小但是比较优质的农产品，点对点地进行网络销售，已经有一些成功的范例，比如说野生黄精，有些老乡通过网络带货后卖出了非常好的价格，黄精市场价格一般是在30块钱到50块钱一市斤左右，但通过网络带货找到了更好的买家，价格能够提高到300块钱。在这个过程当中，我们政府一个是要对老百姓进行诚信的宣传教育，要跟他们讲规矩，货真价实，要讲商业诚信；另外一个是要进行必要的网络的基本操作培训。同时，提供给这些农家乐也好，搞网销也好，电商也好，必要的金融扶持贷款，目前我们信用社还有农业银行的金融贷款，应该说在独龙江做得还是很扎实的。唯一不好一点就是老百姓着急还款，贷着款心里面不舒服。在产业方面，我们想在每个行业上培养、打造一些产业能人、致富带头人。在独龙江工作这一段时间，感觉我们的老乡非常聪明，只要你给他打个样，只要有人带头做成功了，周围的老百姓是非常愿意、非常积极跟着干的，所以我们想在乡村旅游的户外导游、农家乐，还有非遗文化的传承、农产品的加工，以及开民宿、特色种植养殖，等等方面，每个行业每年评选一些带头人、模范人，通过这些人的现身说法，激励更多的老百姓参与到这些产业当中，这个也是我们在想运作的一个事情。

2. 项目治理

高：关于项目治理我想，第一，项目到了以后，各个村也好，驻村工作队也好，对这些信息是公开透明的。来了一个项目，不是说那几个小范围的人掌握，我们会广而告之。第二，根据这个项目的要求，比如说它的门槛是什么，它必须要具备哪些条件，然后我们的扶贫对象符不符合要求，来考虑。第三，就是要有一个简单的执行计划，有了以后还要通过村民会议讨论通过，还要张榜公布，接受老百姓的监督。好多地方在这方面出问题了，基本上就是暗箱操作，来了一个好项目，然后两三个人、几个信息灵通的知情人就掌握了，最后搞不好其他老百姓都不知道这回事情。在我们独龙江，村务公开这件事做得比较扎实，但这个项目该怎么摆（动作）？把它摆成功，在这个上我们需要努力。我觉得这是一个技术问题，还有一个是工作的方法问题，比如说林业局要摆一个林果的项目给马库村，摆之前，就应该考虑引进的这些树种对土壤的要求、对气候的要求，最适合什么时候栽种，挂果期多长时间；再就是符合条件的老百姓的自留山、自有林地里面，能够承接这个项目的有哪些，完了以后我们林业局、村干部、驻村工作队、老百姓四方要到他的地块去，一块一块地去认定；认好了以后，苗什么时候来，然后用什么技术怎么把这个树子下去种活，整个的技术服务要跟上；树子活了以后，下一步怎么找销路，怎么找市场，这个过程又开始要着手考虑了。在挂果之前的病虫害防治还有施肥等这些的管理，跟养孩子一样，是一个非常精细的过程。

现在我们独龙江要搞这个产业提质增效，需要有一大批有耐心、有责任心、有市场眼光的人才，参与到整个产业的培育过程中。人才方面是最缺的，也是我们最着急要努力解决的一个事情。培养产业不容易，现在草果虽然有6.8万亩，但我个人认为我们不知道长远如何，我们不知道草果的终极消费市场在哪里，每年谁都说不清楚今年的草果价格是多少，这样的产业是有风险的。一个完整的产业应该是销售在哪里？终极消费市场在哪里？然后我们的竞争对手是哪几块，我们的对手是谁？中间的销路可不可以我们自己去掌握，把中间商全部排除，我们直接面对终端消费？草果品质的分级，多大的草果卖多少钱，草果的分级的标准来制定？整个体系建立起来以后，才叫作一个成熟的产业。目前我们的6.8万亩离刚才我讲的目标，还有很大的距离，需要努力奋斗。即使是独龙江的易地搬迁，老百姓需要适应的过程时间还是很长的，还是花了七八年的时间，老百姓才真正稳下来了，习惯了这种新的生活，这还是独龙江人在自己的家乡，前后都是熟人，都是老乡，都是邻居。

孙：而且可持续地支撑他的家庭收入的是一直有产业。

高：他的生活方式和生产方式，我觉得没有颠覆性的改变。比如说我们的老百姓家里面都可以烧烧火，都有火塘，你也看到了，是不是？他还是继续从事农业生产，种草果、养蜜蜂、养牛等，所以他搬下来以后是享受到了优质的服务，首先是非常舒适安稳的一套易地搬迁安置房，然后用上了电，用上了网络信号，看电视方便了，有小学，有幼儿园，有医务室，享受到了良好的公共服务，但是他的生产方式和生活方式没有颠覆性的改变。搬迁后的适应，我觉得对老百姓的难度是不大的。

我们28个安置点，科学选址后，按照老百姓的生活习惯来建造我们易地搬迁的安置房，然后把公共基础设施服务配套上，继续尊重老百姓。根据老百姓劳动技能的要求，我们来合理地配套后续的产业，比如说草果。昨天我们讨论草果的时候，我就讲，第一，草果是喜欢雨水、喜欢阴凉，但是又要有阳光，所以我们这么好的植被，这么充沛的雨量，种草果很适应。第二，草果病虫还不多，长起来以后，周围的这些草在吸收营养上是比不过草果的，所以它的生存能力比较强。第三，一年除草2—3次就够了，不费劳动力。

孙：所以是老天赐给独龙江老百姓的。

高：然后，只要种下去，3年以后开始采摘，那就年年都可以采了，时间比较长。它旁边还会发苗，虽然它的市场价格不高，四五块钱，但是它的成本低，利润空间就有了，所以草果这个产业确实是摸索出来的符合独龙江的自然地理条件，符合这里老百姓的劳动力素质的，也跟老百姓的习惯相匹配。像有些地方发展金银花，它的花苞一炸开就不值钱了，必须要在花苞、花蕾没有炸开以前采摘，那是非常费劳动力的，还要请很多工人，这个产业就成本很高，如果把这样的产业放到我们这里肯定成不了。所以我就觉得后续的产业扶持，一定要从老百姓能够接受、能够适应的角度去考虑，现在我们为什么慢慢地把乡村旅游弄起来，你看我们好多老百姓家里面的院落还是比较漂亮的，然后独龙江的食材又那么好，比如独龙江的竹笋。

孙：那天是谁跟我说的？哦，杨文斌。一数数了20多样野菜，这些食材都把我馋死了。

高：这些食材经过比较简单的烹饪就非常可口。在外务工的这些老乡，也在外面吃过农家乐，他们有这方面的愿望。独龙江的资源能够支撑乡村旅游产业，独龙江有了知名度、美誉度，好多人会慕名而来的。虽然独龙江的旅游服务设施还比较粗糙、比较初级，但是好多人到这边以后觉得空气很清新，景色也很壮美，认为很神秘、很有吸引力，所以我觉得乡村旅游符合独龙江。

但是有一些项目，比如说有人要开发独龙江的矿泉水，我就反对，我说这个矿泉水你要卖多少钱一瓶？我讲的意思是，今后的产业扶持一定要结合市场的需求，这个地方的成本控制，老百姓劳动力的素质能不能够匹配产业，综合来考虑，这个产业才有希望。

孙：你认为比如像矿泉水，那就是几个老板生产线一拉就完了，跟老百姓没关系？

高：没有关系。完了以后，这个产业还搞不好要失败。征地是一块，肯定还要简单地聘当地的工人，最后如果生存不下去，地是已经改造了工业用地，你把它硬化了，今后还不好弄，然后带动作用不大，我们还是喜欢劳动密集型、技术门槛低一点的产业。

高：你们得好好坚持，这个东西你们一定要坚持，这是非常好的理念。

3. 关于老县长

高：关于老爷子，我觉得不能孤立地看他一个人的成就，他是在我们时代的大背景和这种体制下，才产生的一位时代楷模，全国的优秀共产党员。这个大环境大背景，我想应该还是归结到我们中国共产党的宗旨，全心全意为人民服务，在奔向小康的道路上，一个民族都不能少。我觉得这是一个必须要讲的大背景，为什么呢？老爷子以前，几任省委书记都把独龙江的事情放到很重要、很高的位置。如果没有党中央及省委对边疆少数民族如此大的重视的话，我觉得依靠个别同志的努力，独龙江绝对不会有今天所以独龙江今天的发展、今天的成就，首先还是彰显出了我们党一开始的初衷就是为人民服务，为最广大的群众谋福祉、谋利益，然后在这个过程当中，老爷子他用一辈子的时间去践行我们党的宗旨，心里揣着老百姓，我觉得这个是老爷子的党性和初衷，他做人的宗旨跟我们党的宗旨是高度一致的。

孙：能举一两个例子吗？

高：比如，路的问题。当时从孔当村往北边修路，设计团队可能对独龙江的客观地形地貌和环境承载能力考虑不足，线路是往半山腰走，就造成了大量的名贵树种的破坏，土壤地表的这些破坏也非常严重，老爷子就多次去实地勘察，调整了思路。半山腰不走了，路放到山谷河谷，对于这些树木植被的破坏降到了最低程度。当时修路的时候，景观树，他是一棵一棵地跟施工队交代的。

孙：再举一个他这方面的例子。

高：在产业方面，老爷子对重楼还有中华蜂的养殖等产业亲自参与，亲自做生产性实验。比如说换一个季节种，独龙江适不适应；比如说哪一款蜂筒最适合独龙江的自然气候条件。老爷子亲自带着老百姓去反复地做生产性实验。

孙：咱们独龙江的一土一木，他好像都非常熟悉，一天就在里面转。能不能讲一下老县长与指挥部的工作关系？

高：我记得他当时的身份是州人大常委会副主任，但是他说了我的办公室是在草果地，我的办公室是在独龙江。他把办公室钥匙交给州人大办公室，就来带着大家干产业了，这个是一开始。后来整乡推进和整族帮扶，这个是省委主导的，到后来2017年我们州里面推行的独龙江率先脱贫这几项工作，咱们老爷子都在里面担任重要的职务。

孙：是什么？是指挥长还是顾问？

高松：是副指挥长。他没有在舒服的办公室上一天班，从一开始就一直在独龙江参与干、带着干，直到今天，所以整个工作他是没有断的。一些项目也好，产业也好，不可能不会出现一会东一会西，他脑子里面可能从一开始就对独龙江未来要怎么抓、未来的目标有一个规划，所以我觉得独龙江的成功应该跟这个也有关系。他有一套想法，蓝图绘好以后，我们就按照这个思路走了。那个时候，老爷子非常有意识地培养地方的民族干部，这些干部成长起来以后，在外来干部和当地群众当中，能够架起一座非常好的桥梁。

孙：即使是省委工作队下来，也要非常尊重他的意见？

高：有几个村的村干部，还有驻村工作人员就提出来，他们家又添人口了，又娶儿媳妇了，房子不够住，老爷子就很旗帜鲜明地讲了，要想过上更好的日子，还得靠自己去干，党和政府已经把我们这一代的问题解决得非常好，非常到位了，所以这种问题不能提，要靠自己的努力。所以，现在老爷子也跟我们讲好好地谋划一下产业怎么弄，我也非常坚持这个观点，为什么呢？社会主义的本质就是解放生产力，发展生产力，我们所有的素质提升也好，基础设施的改善也好，其实就是为了解放和发展生产力，就是要抓产业，老百姓是最实惠的。每次下乡，他经常把我们的独龙江乡乡长带在旁边，我觉得这个是用心良苦的传帮带。民族区域自治是我党的一个非常伟大的创造。所以你看老爷子他的作用，一个是我们开例会及重要的会议都邀请他参加，还有一个是他非常有意识地培养地方的民族干部，实际上我们也会隔三岔五地去他那里跟他聊聊。

4. 落实总书记重要回信精神

高：2019年开始，为了落实习近平总书记重要回信精神，州委决定继续筹派工作人员，又成立了州委独龙江工作组，其实都是为了独龙江巩固脱贫和乡村振兴的探索实施。现在工作组的架构是这样的，州里面成立了一个落实总书记重要回信精神的领导小组，这个小组的小组长是我们州委书记和州长，然后在领导小组下面又成立了州委独龙江工作组，由州委组织部部长来任组长，县委书记还有老县长任副组长，我是任专职副组长，同时又从其他行业部门抽了7—8名同志作为组员，来落实总书记的重要回信精神。为此我们还编制了一个实施方案，实施方案从6个方面来继续推动我们独龙江的各项工作。

孙：是的，第一任副组长你责任重大，现在副组长常务。

高：现在基本上州一级的项目都是直接下到县里面的，分配权基本上都是在县里。跟过去相比，在脱贫攻坚的过程当中，对独龙江的资金支持、项目支持应该说还是有倾斜的。

孙：有省里边还是中央。

高：我们在报项目的时候，从中央到省都有倾斜。因为这是战略位置重要、政治意义特殊。

孙：好，我们接下来第二个大问题就是讲扶贫工作，包括说你来这两年和之前的衔接，这两年主要抓什么工作，还有咱们全乡的扶贫工作队的情况，再一个刚才其实已经谈到了一点，但是你再把它系统地说一下，跟老爷子的互动，跟你的上级的互动和跟乡的互动。你们的工作队现在叫什么工作队？

高：叫作州委独龙江工作组。

高：我们在驻村工作队的基础上，又增加了一个独龙江的州委独龙江工作组，所以独龙江的很多工作，很多任务是放到州委的工作层面去研究去落实的。这种待遇和这种力度不是一般乡镇所具有的，所以我觉得在重视的程度以及相关的人力干部资源的配备上，这种强化是非常有利的，也能够保证那么多的政策、那么多的项目能够高质量地完成。项目给得再多，最后还是得靠干部去落实，所以我觉得分配的这些项目资金、资源和与之匹配的去落实的干部队伍，以及这伙干部身上具备的优良的工作作风，是促成目前独龙江很多工作在非常艰苦的环境和条件下能够落实的一个非常重要条件。

孙：独龙江的工作队和州委工作组，要形成一个总体的衔接和整合？

高：今年7月份以后州委又做了一个调整，由我来兼大队长，

孙：独龙江的下一步发展还面临什么问题，就问题你能讲两点吗？特别下一段，还是要讲些有挑战性的东西。

高：第一个就是项目落地的整个流程，我建议驻村工作队和村干部有更多的参与机会和话语权。涉及村里面的这些项目的落地，在项目的前期论证、项目的选址、项目的实施、项目的验收，在这整个过程中给予我们村干部和驻村工作队全程参与的机会和更重要的话语权。这个目的是要保证我们这个项目的准投，现在我觉得这方面还需要加强。第二个是对脱贫以后的老百姓，还是要坚持分类施策巩固的思路和方法。脱贫以后的群众，我觉得可分成这样几类，第一类通过通过自己的努力，已经成为了城市居民，在城市里面、县城里务工生活，不可能回来了，这个是一类。对这类人群，我觉得我们城市的公共服务得跟上，城市低保，城市的医疗保险，小孩的就近上学，包括城市的廉租房、公租房，这些得给我们这一类的老百姓提供保

障,作为支持系统。第二类也从事农业生产,也有一些务工收入,我觉得这些老百姓要根据他的发展意愿,要么加大劳动技能培训,由政府有针对性地送到条件更好的地方去务工,同时解决后续的这些问题;要么就是在农业支持上,特别是在农业现代化上给予更多的引导和支持,这是第二类人群。第三类人群是最多的人群,他们继续在家乡从事传统的农业生产。对于这类人群,我觉得我们的脱贫政策,特别是产业扶贫的这些政策,还要继续跟上,让这些老百姓的收入能够稳定,能够多样化,提高他们抗市场风险的能力,然后在现代理财、自我发展的理念上也给予一些引导,增加他们的财产性收入。包括在投资性收益这些方面能够继续完善,可以引导他们建立保险的理念。第四类人群是五保户,对于五保户,我觉得主要是提供给他们更好的社会化的服务,不要遗忘。我们易地搬迁以后,城市和社会服务体系要把他们覆盖好。所以我觉得脱贫的时候因户施策,分类指导;脱贫以后也应该把分类指导、分类施策这个方式方法继续坚持下去。脱贫也讲精准,巩固脱贫也讲精准。

孙:其实也就是实事求是。

三、时任迪政当村第一书记章国华访谈

(一)访谈基本信息

	第一次访谈	第二次访谈
访谈时间	2020 年 10 月 5 日	2020 年 10 月 7 日
访谈地点	迪政当村委会	迪政当村委会
访谈人	王春光	宗世法、徐磊
被访人	章国华(章)	章国华及其爱人徐润开(徐)
访谈时长	2 小时 10 分	2 小时 31 分
访谈录音整理字数	21949 字	29100 字

（二）访谈内容

1. 第一次访谈

王：章书记你是县哪个部门的呢？

章：县检察院。

王：原来在检察院做什么呢？

章：是办公室主任。

王：你现在还兼办公室主任吗？

章：兼，我的办公室主任还没有被免，但是我们来驻村是跟单位脱岗的。

王：你任第一书记有什么实权吗？

章：我们只是干工作的人。

王：你听村书记的还是村书记听你的？

章：我们之间的工作关系，好像他听我的比较多一点，因为有些东西，我们知道得要比他们稍微多一点。

王：是知道得比他多，还是因为组织上他必须听你的？

章：组织上是我们听他的，我们是在村委会领导下开展工作。

王：在党组织领导下，行，你是2017年下来的，当时是你自愿下来还是组织派你来的？

章：组织派的，说句实在话，独龙江当时的条件也没这么好，所以说你要来到这个村里边，要离开亲人，要长时间在村里边，这有一个过程。

王：所以说当时还是有顾虑的。

章：顾虑肯定是有的，但是到村里边待了一段时间之后，被村民感动了。

王：你当时的顾虑是什么？

章：第一，不能在家里边陪陪亲人。孩子 2017 年的时候正在读高二，正是关键时刻，不能长时间陪着他了。第二，老家的父母亲年纪也比较大了，从我驻村的第一年开始，我老父亲就开始不停地去住院，直到今年 5 月去世，前前后后住院八九次，我只出去陪了两次，感觉对我父亲挺愧疚的。我在村里边 4 年，从内心出发，我挺想回单位里面去，但是一回到这个村里边我就不想出去了。

王：为什么？

章：因为村里边的村民，我们带动他们干什么工作确实挺支持的。有些老一辈的老百姓，他们是几乎不会讲汉语的。

王：你当初进来的时候，你知道自己想做什么，能做什么，你心里明白吗？

章：我才到村里边的时候，村里面工作该怎么干？确实不知道。我唯一一个理念就是把入户调查之类的搞清楚就行了。我就知道这一块。我总认为驻村工作队就是这样的事。

王：你有没有考虑到怎么跟村书记处理好关系，跟干部处理好关系？

章：跟村干部处理好关系这一块，因为在单位里面，我一直都是干办公室工作，为人相处这一块，我对我自己是有信心的。所以说对怎么跟这个人处好关系这一块我不大担心，但是到村里边如何来开展脱贫攻坚工作，我仅认为把我们需要入户采集的数据弄好就可以了。但是到村里边来了之后才发现远不够。因为说句实在话，我们从参加工作之后，天天就在机关单位里边，对基层工作这一块，确实一无所知。

王：你是高中毕业还专科？

章：我是高中还没毕业就到企业参加工作去了。

王：到企业参加工作？后来怎么转到那里去了？

章：2003 年国企改革的时候，我以驾驶员的身份调到县检察院，到 2006 年我去参加了公务员考试，又成了公务员，2006 年时我 33 岁了。

王：所以一直在检察院工作，对村里不了解，没下过村。

章：我是搞后勤的，跟领导跑得比较多。以前我们单位也不停地派工作队，但是在精准扶贫以前，所派的工作队，大部分时间都是在单位里面上班，就是村里边有事情的时候去一下就行了，但是从2015年提出了精准扶贫之后必须要驻村，可以说2017年以前，我们单位所派的驻村队员，他们大部分时间可以在县城。

王：可以不驻村是吧？

章：他们的驻村是只要把工作任务完成，就可以回去了。

王：你是为什么一直待在这？

章：我是2017年3月进来，在6月以前还是挺松的。从2017年第一次搞动态管理之后，省州县明确专门印发了驻村工作队管理办法，其中有一条，就是每一名驻村队员的驻村天数，每个季度不少于50天，那么就每一年都不能低于200天才能考核。

王：你下来以后，当时到村里去，对你触动最大的是什么？

章：第一，我跟他们语言是无法沟通的，到老百姓家里边去，你跟他们打招呼，他们是不跟你说话的，你必须要带着村干部或者小组长去，他们才会给你说。见到外边的人，他们性格是比较内向的。

王：是性格内向还是说对干部本身有抵触？

章：对干部抵触是没有，他们不擅于跟外界的人打交道，说句实话，各个民族有各个民族的特性，因为他们毕竟跟外边人接触的时间比较短。所以说才来的时候，我的第一印象就是主动跟老百姓问好，虽然你主动跟他去打招呼了，他可能会配合，但他是怕你的。但他怕你并不表示他讨厌你，只是跟外边人交流这一块，他挺胆怯的。

王：他不知道怎么跟你交流是吧？你当时心里有点什么感想？

章：给我心里边蒙上一层阴影。我当时觉得可能数据调查这一块都没法开展，可能不能完成得很好，因为他们不愿意跟我们说话，不愿意跟我们交流。每个月的5日是我们村支部的党员活动日。4月5日是我在村里边参加的第一个会议，当时居然还有个别党员喝醉了酒来开会。我因为第一次来村里边参加会议，发脾气确实不好发。我就说，我是来村里边工作的，你们不要将我当作外人，也不要把我当作什么县里边派来的干部，我是来为你们服务的。说句实在话，我是组织派来跟你们交朋友的。

王：支部里面的其他党员信任不信任你？

章：我们第一个会议开完之后，自选动作就是把党员组织起来，到山上去清理水池。因为我们的水都是来自山上河沟，把它引到水池里边，然后再接水管村民到家里。

王：这个水池里面有什么？

章：有树叶，甚至有沙子，泥巴泥沙都比较多。当时去清理的时候，因为我们那些党员同志都挺积极，挺卖力地干，让我也看到了希望。

王：很欣慰，是吧？找到希望。

章：确实很欣慰。在村里边干工作，有些时候可能你逼我来干，我们俩的工作切入点可能会不一样，但是只要是一心为老百姓做事的话，他们都会理解。

王：你是从哪打开局面的？

章：打开局面是在我们党员跟村干部这一块，2017年的5月，所有建档立卡户必须要入库一遍。当时木当小组的生产用地都在原来居住的地方，5月正是在地里边干活的时候。为了不影响老百姓生产劳动，我们工作队和村委会干部到他们不通公路的生产用地，需要徒步爬上去，听说山上住着一个年纪比较大的纹面女，我还专门给她背了吃的东西，我们一起去了之后，我在村干部的心目之中有了一定的好感。纹面女今年3月去世了，105岁。

王：那么高龄。你驻村这三四年，觉得做了哪几件你认为有价值的事？

章：2017年12月，独龙江开始推行周一升国旗打扫卫生。才开始的时候，老百姓确实很不理解的，总认为我们叫他们打扫卫生，打扫家里边就行了，出来干这一块，这个是乡里面通知，村委会又通知我们干。但是在周一升国旗的时候，我们的方式是，每个周一几点钟，每个村干部再加上老百姓，每家必须要出来一个人，那么我们早晨升完国旗之后，在国旗底下，我们村干部也好，驻村工作队也好，都要进行很短时间的讲话，哪怕你讲一个励志的故事也好，讲一下什么政策支持方面的也好。

王：每个村干部都要讲？

章：没有，每个周一要派一个人去国旗底下讲话，讲好的政策，讲那个励志方面故事，讲完了之后再组织村民去打扫卫生。在升国旗打扫卫生的故事里边，有好几个感动我的故事。第一个，我们村现在年纪最大的老党员叫李志成，他今年已经有72岁了，但只要是周一升国旗或者我们的党员活动日，或者我们通知党员要开什么会，或者区里边要组织什么公益劳动这一块，他从来没落下过，每次都能看到他的身影在里面。第二个，去年的春节，12月底到1月初的一个周一，村里边下大雪，雪很厚。因为冬天我们升国旗的时间都是8：30，那么8：00我醒了之后，看到外边飘着鹅毛大雪，院坝里面的雪很厚了，想想今天可能老百姓不会来参加升国旗了，但是他们来不来，我得起来看一下。我好像8：05左右起来，我们的房间都在二楼，从阳台上看出去的时候就看到，有一二十个老百姓，打着雨伞，从那边走路来村委会，放心了。

王：这些村民为什么那么自觉呢？你觉得是什么原因？

章：有些时候向村民宣传政策这一块固然很需要，但是宣传你不能长篇阔论的文件太多，包括念文件他们又听不懂，就是要会打比方、打比喻，用他们能听得懂的话、看得见的事情来说和做，他们能听得进去一点点。但是你光说，光练嘴，老百姓对你是不认可的，关键是有些时候你必须要带着他们怎么去做、怎么去弄。在这个村里边，真正让村民认可我的是这样一件事情。当时我们的护林员，他每个月必须要上山去巡山两次，我们有一家建档立卡户，他们家也有护林员，家里的大人去县城了，村里边护林小队长组织去巡山的时候,他们家里边没人了,就请了他们家的一个亲戚替他去。他们家的那个亲戚在第二天返回的途中,意外坠崖死亡。虽然他是代他亲戚去巡山,但他已经在行使国家的公权力,那么这意外死亡了,林业这一块该怎么赔偿?我们就第一时间把他的这些情况上报,当时我记得是4月27号,我们村里面又没有信号,我还专门派了我们现在村委会主任、原来的武干,派了他骑着摩托车到有信号的地方给乡里边、给林业站打电话。当天晚上乡里跟县里也派人进来了,跟我们真实地对比情况,因为死者不是正式护林员,所以他们只能进行救助、慰问。我记得当时县林业局送进来了大米、油,还送进来了1万元现金来办理他的后事。从法律的角度来讲,我觉得这是不行的,因为你们已经默许他去巡山了,他已经在行使国家的公权力了。就好像我们在单位上班一样,发生了意外,你们应该要承担责任。我是死顶着要算因公,才不管你们从什么渠道来赔偿,什么部门赔偿,最后我们县委县政府的两办主任都给我打电话了,说经过县里边领导的考虑,因为我们的建档立卡户的护林员,它是叫生态护林员,它是属于扶贫项目这一块。因为正式护林员,他都有人身保险,所以说要是硬要算因公的话,从法律角度上他们也认可我,但是这个可能会影响到后续生态护林员的安排。因为我死顶着反映之后,他们也很主动积极地帮我们去对接保险公司。保险公司给我打电话说,你们独龙江路太远了,中国人寿在贡山县才有一个代办点,他们人确实少,跑独龙江跑不赢了,他们说需要什么材料,叫我把这个材料组织好了,把它带着去,他们走系统就行了。那么,5月初把这些材料,证明及七七八八的这些全部带出去之后,我又忙着我孩子的事。到了一个月之后,他们说我的材料不够,反正交保险的时候确实是他们可以到上面来收,但是理赔的时候确实挺麻烦的,大家都知道。拖到9月,他们给我打电话,要是按照他是死亡来赔偿的话,赔偿标准是要赔偿12.5万元,要是家属同意协商赔偿的话,理赔的速度就挺简单,挺快的。我就问他们,你们所谓的协商这一块是可以赔多少钱?他们说7—8万元左右。我5月来办理赔手续,当时把材料交了之后，他们说在30—40天给我理赔，到9月才说服我要什么协商赔偿这一块，又叫我提供材料。9月提供了之后，到10月又说材料还不够再提供，到11月我确实等不了了，我就去找了我们县司法局的法律援助中心，我就跟当时的司法局局长说了，他们对这件事情挺感兴趣的，因为他们也想为脱贫攻坚做点事，说你们办不了我们来去办。我就直接通知保险公司说，现在我不跟你们多说了，我叫贡山县法律援助中心的律师来找你们，这样说了之后一周，保险公司的工作人员亲自到了村里边，说现在我们清楚了，10天之内，这个理赔金我们会赔偿到位。他进来到钱赔到位，才用了7天。要是叫我们的老百姓自己去办，不要说七八万，可能赔给他们三万块钱，他们也会干，因为确实等不了。

王：最后赔了多少？

章：12.5万元。那个钱赔上之后，其他的村民对我更信任了。只要哪一家又有什么事情，来找我的比较多。

王：一般找你是哪些事情？

章：有的时候像什么孩子出去读书，要去报考什么学校；有的时候他们孩子不听话，还请我去教育。

王：那就把你当成一个很有威望的人。

章：反正家里边，以及邻里纠纷、有矛盾这一块，喜欢的人都找我。

王：这些事情是去年开始，还是前年？

章：这个事情是2018年。

王：如果你不在检察院工作，你不会懂得这些后面的情况，也不会这么坚持。

章：对。因为毕竟我们懂得怎么来维护我们的合法权益。因为我们懂法，所以说我们知道怎么捍卫我们的权益。

王：这4年驻村，你自己有什么收获？

章：我觉得驻村的收获，就应了书上的一句话，金杯银杯不如老百姓的口碑。你天天给他们开会，不管你文化理论水平有多么高，你赢不了老百姓的口碑，老百姓的口碑还是要干出来的。我们的老百姓不需要你花多大的苦力去干，关键你在带他们干事情的时候，要能让他们看见你的背影。前年年底的时候，我们开会学习完之后去清洗后边的水沟，冬天的水确实很冰冷的，因为我们的沟旁边是鹅卵石，用扫是不行的，还需要洗一下。去了之后，我们党员也没准备什么雨鞋之类的，去沟里边打水要上来冲，沟又比较深，水也打不到，随便扫一下是不行的，我把裤子一挽就跳到沟里边了，水哗哗地流过。看到我跳下去之后，我们年纪最大的党员，也跟着跳下来了，最后全部党员跳到了水里边，用水桶来冲这个路。所以说，你要带老百姓来做，在他们扫的时候，你背着手、叼着烟看，他们对你不会有任何的尊敬。最近有一个事，使用农家肥这一块，他们菜地里边不用大粪的。我们云南人在这讲的大粪就是人拉出来的，他们只用什么猪粪、牛粪，但是我们厕所里边的人粪他们都不用，导致了我们村农民家里边都没有户厕，只有公厕，公厕从2014年使用到现在，它的化粪池由于地势比较矮，雨水也进去了。熊当寨总共有5个公厕，有3个已经用不了了，原因就是粪便已经从堆坑里边出来，人已经无法进去了。后来，因为我们村我们县要迎国检，我就利用这次机会将全村所有的公厕全部清理，我特别提到了熊当寨这一块，因为当地人也不习惯用这个粪便去浇菜地，搞庄稼，他们怕脏。我就告诉他们，你们什么时候要清理了，通知我，我来帮你们干。那天是星期一还是星期二，就在10月20日左右，给我打了电话，他们准备要干，要看看你什么时候来。村里边是村委会主任和我去了，老百姓都等着我们，挺多的，但都持观望的态度，这怎么干？

王：他们嫌这个脏嘛。

章：他们嫌这个脏，大粪无法处理，所以说怎么干他们也不知道。我去了之后，就安排先在旁边地里边挖一个坑出来，女同胞去挖坑，男同胞跟着我去把化粪池的水泥盖板撬开，用桶一桶一桶地提到挖的坑里面去。以前刀耕火种的时候，从来都不用这些，这个人家不用你硬叫人家用不行，必须要遵守他们的习惯。第一个厕所掏了差不多有三个多小时，才掏完了，掏完了之后我们就组织村民去吃泡面，泡面吃完了之后又去掏第二个。去掏第二个的时候，你们也知道掏粪便的确是挺臭的，而且吃了泡面之后就掏粪便，就是那一个泡面的味道，我哗哗地吐，吐了之后我又去掏。虽然我们戴着长的手套，但都是没用的，我衣服、帽子上都是粪便，我是吐了之后又回来掏。在旁边有一家老百姓叫作碧香英，他们家平时的收入也比较高，没建档立卡，一直有意见的。每次入户调查的时候，都是瞒报比较严重，全家什么收入都没有。虽然我们是国家级自然保护区，但是在林下的药材这一块，还是可以适当挖掘。他们家的收入我们为什么能搞得清楚，去挖药材的时候必须是好几家人一起去的，所以说他们相互之间都掌握每一家到底挖了多少药材，卖了多少钱，但是只要其他人去入户的时候，他们家都是这样。那一天我掏第二个化粪池吐了，再回来的时候，他用独龙话这样说了句"工作队干"，就是好的意思了。后来，我们的迎国检的调查员到他们家去入户调查的时候，就说得挺好了。

王：他不会请你喝酒吗？

章：他会倒给你酒，但是你只能随便喝一点。工作干完了，我们就回来了，我是告诫我的队员，你要想喝酒回村委会来喝，我们到村委会怎么醉没关系，不允许在老百姓家里醉酒。

2. 第二次访谈

宗：嫂子你好。今天下午我们张老师还跟您聊了几句。

徐：对，我不知道他贵姓，我没有问。

宗：他说您家孩子来了一次独龙江就再也不想来了。

徐：对啊，他来了一次，那时候是放暑假，他来了一个暑假，在这边待了好几天，说这边太艰苦了，没有电，还没有网络，就是那种全封闭的状态，然后他就说下次放假的话，不想来了。

宗：他现在转变观念了吗？

徐：现在的话，他还是不愿意进来，就是不愿意进来，从那一次来了以后。

章：也是觉得爸爸的工作很艰辛。

徐：对。自从那一次以后，他就很理解他爸爸了。

宗：他现在在哪？

徐：他现在在秦皇岛的燕山大学。

宗：那不错，学什么呢？

徐：计算机。

宗：他挺优秀的。

徐：对。他来的时候是高二的暑假，然后高三那一年他也很努力，进来就感觉这边条件不是那么好，回去以后可能还是感触挺大的，他也很用功，我们也没想到，高考是他高中三年以来考得最好的一次。

宗：超常发挥。

徐：对，是最好的一次，当年就是考了我们贡山县理科第一名。

宗：状元。

徐：对。他爸爸也挺高兴的。

宗：您是做什么的？

徐：我就是家属，我没工作。

宗：那总得有点活嘛。

徐：我没工作就做点小生意，在贡山开个小店，服装店。

宗：在什么位置？

徐：原来是在通宝酒店一楼，后来他们说是要拆迁，要想重建，然后我那个店就搬到喜来登客栈一楼了。

宗：今年生意怎么样？

徐：今年生意总体来说没有去年好做。

宗：就您一个人吗？还是招了人？

徐：对，就我一个人。

宗：您一个人？好辛苦的。是吧？

徐：但跟我老公比起来，没有他辛苦，他确实比我们还辛苦，之前心里面还是有点埋怨，他刚进来的时候觉得什么都指望不上了，什么都要我自己去面对。家里面就是一个灯坏了，都要我自己去换，以前这些事情都是他来做。然后后面看了一下他这边的情况，觉得也理解了。

宗：我看章书记跟海处① 应该在家里都不太会做饭，不像是会做家务的人。

徐：我们白族人的话，一般男的很少下厨，一般男的主外，女的主内，我们那边，是比较传统的那种白族的文化。

宗：那他到这来也好。

徐：来这边的话也挺好的，亲力亲为，以前在家里面像杀鸡那些他也不会弄。当然了这边也没办法，他现在会了。

章：现在我还挺好的。回到我们大理老家的时候，在家里边，鸡都会拿过来杀了，是吧？

宗：您怎么看书记他们这些人这几年的工作，包括您这几年心理上有没有变化？

徐：有。从刚开始有点抵触，后来慢慢地接受，现在变成支持，三个阶段。

宗：为什么，这几个阶段，为什么会有这种变化？

---

① 海处，海黎军，贡山县检察院副检察长，时任迪政当村驻村工作队队员。

徐：刚开始的时候，觉得单位里面那么多人，为什么偏偏选的是你呢？首先心里面是有点不平衡的，作为一个女人是很自私的那种想法。我们从小是青梅竹马，然后结婚，现在都已经25年了，我们两人感情都很好，也有短暂的分离，但是像这样长时间的分开没有过，我心里面对他是很依赖的，心里面就是觉得接受不了，就很抵触。

宗：有什么行为呢？

徐：就是每一次打电话问他什么时候回来，现在已经习惯了这句话，刚开始就是那样了，反正他才过来两天，就打电话问他你下次是什么时候回来。然后现在慢慢地就已经接受了，觉得如果这个工作他不来干谁来干，后来就接受了。

宗：有什么事件吗？有没有大的事件让您接受这个事情？还是说只是一个慢慢的过程。

章：大的事件？2017年我儿子进来待了几天，回家后给她反映了这边一些情况。就是7月底到到8月份，我们把脱贫攻坚的数据录入完之后，要赶着出去，但是在赶出去的路途中，路堵了，然后又返回独龙江，停电、停信号，等路通了之后我们又出去，但是我的车是轿车，开不出去，我把我的车停在公路路边，又打了一辆车出去。我儿子回家跟她说了之后，她到那个时候才知道。我跟她说工作重要嘛，你会故意夸大艰苦的条件是吧？你不信是吧？

宗：还是接受不了。

徐：就是觉得没有想象当中的那种或者说超出我想象的那种艰难，我觉得那种条件的话真的太恶劣了。然后去年7月自己进来了一趟，看看确实是这样。

宗：去年7月您是第一次亲自来？

徐：对。因为之前不是一直修路，这边路也不好，我也曾经说过，说我进来看看，他就说不要进来了，怕我累怕我吃苦。

宗：您去年来的时候是什么感觉呢？那时候其实已经发生翻天覆地的变化了。

徐：对，接受了，那个时候已经理解了，真的。进来看了，这边的村民也很淳朴，那些小孩子都挺喜欢他们的，就是叫章叔叔，章叔叔好，我们出去还问，你要去哪里，我觉得也挺亲切的。

宗：您今年又一次来，觉得这一两年有什么变化吗？

徐：刚开始的话我们来这边，那些居民见到我们会笑一下，他们也不会跟你交谈或者什么的。现在见到他们也能够打声招呼之类的，反正很友好的那种，就是感觉他们不那么排斥我们了。对于他们来讲，毕竟我们是外族人、外乡人。

宗：去年还很排斥？

徐：对，还没有这么融洽，我觉得今年感觉就像那种老朋友见面的样子，反正没有那种生疏感觉。

宗：就更容易接纳外人。

徐：对。

宗：现在总书记说要建一支不走的扶贫工作队吗？你怎么看这事？

徐：作为一个农村妇女来说，谈政治、谈那些也谈不上，真的确实谈不上，因为我老公他工作，不管是以前在检察院上班，还是现在他回家，都不太喜欢给我们讲一些工作内容或者什么之类的，当然这可能跟他的工作内容有关系，以前在检察院那些我从来不问的。我在家就关心一下他的起居，把他日常生活照顾一下，有的时候也会谈谈各方面的想法。现在他也觉得来这边已经习惯了，毕竟今年已经是第4年了。

宗：您说您现在比较支持是为什么？为什么会支持他呢？支持有哪些表现？

徐：支持，比如说我不会打电话催他回来了，然后他需要什么，他们有同事出来，我看到了就会带点东西给他，像他们抽的烟，还有药品。那些药品带进来的话，不光是他一个人吃，像那些老百姓有什么病痛，他也给他们送一点，就像上次他不小心手被烫了，然后刚好我有个伙伴从泰国带了一瓶很好的治烫伤的药，我就给他带进来了，结果那瓶药他自己没抹到多少，就拿去给小女孩。

章：前面那一天，有一个小女孩被烫伤了，我把药带过来，我告诉她，你带来得药刚刚好，正好发挥作用了，对不对？

徐：我自己是卖服装的，也会带一点童装进来给他，让他送给有需要的小孩。他进来这几年，我刚开始也没有那个意识，或者说心里面不那么支持，有点排斥，所以表现得不会那么积极。到后面慢慢地理解了、支持了，然后回来都会问他有没有小孩需要衣服或者什么的，能拿进来送给他们，我会这样主动问他，然后也会给。反正前前后后也是好多套了。

宗：你觉得书记在村里4年，最大的变化是什么？能不能列几点？

徐：他最大的变化，工作上我谈不上，但是在日常的生活当中学会煮饭了，会杀鸡了，能够自己合理地安排自己的生活起居这些了。

宗：这是一点，生活能力提升。人呢，或者其他的变化？

徐：刚开始的时候，他回来还是会发一点点牢骚，觉得这个地方是民族地区，语言又不通，所以沟通上有障碍。他的意思可能村民也理解不了，或者是表达不出来，中间有隔阂，他说出去的话，他们的执行力也不太好，感觉是好像不那么听话。然后慢慢的关系理顺了，跟村里面的这些村支书、村长相处得很好，去年和前年他回来也跟我讲，他说老婆我们现在搞了个火塘夜话，好多工作中的问题，有事情要解决的话，不在办公桌上很严肃地摆在桌面上来说，而是在厨房里面解决，他们不是有一个火塘嘛。

宗：是在村委会的火塘是吧？

章：独龙江乡有一个条件，有柴烧。所以我们工作队，平常大家搞生活，在火塘烤火的时候，一般就把那些遇到的问题、要解决的事情拿出来，就一边烤火、喝茶，一边讲一边沟通，然后各种想方法，问题就一个一个迎刃而解了。

宗：沟通能力更强了。

徐：对，就是说，在火塘上围着火烤和摆在桌面上、在办公室或者会议室，可能气氛不一样，所以谈事的效果都不一样。就是说比较亲切，大家围着一个火塘一圈，那个时候比较好交流，然后慢慢就跟他们相处特别融洽。

宗：还有吗？还有什么变化？

徐：就觉得这个变化是最大的，刚才说的，他已经融入到这个村里面了，出去县城或是回到家里面，有的时候几个亲朋好友在一起吃饭聚一下，他吹牛的时候，就自觉不自觉地会说"我们村"什么，我们村这样，我们村那样，就会这样讲。

宗：您是党员吗？

徐：我不是党员，我是个农村妇女。

宗：您觉得从章书记这个人，怎么看党员的职责，就是党员和干部的职责？原来他在单位也是党员，他到这又是第一书记。您觉得他在原来单位和到这之后，党员的角色有什么变化？

徐：在村里面的话，我就觉得他比在单位里面更积极了，然后更有责任感了。我觉得，反正不管他做事或者是干嘛的，都是以他们村的老百姓的利益为基础，给我的感觉，在单位没有这么突出、没有这么强。是吧，在这里你是第一书记，你是引路人一样的。

参考文献

一、外文及译文著作

[德] 斐迪南·滕尼斯:《共同体与社会》,张巍卓译,商务印书馆 2019 年版。

[美] 杰弗里·萨克斯:《贫穷的终结:我们时代的经济可能》,邹光译,上海人民出版社 2007 年版。

[美] 詹姆斯·C.斯科特:《农民的道义经济学:东南亚的反叛与生存》,程立显、刘建等译,译林出版社 2013 年版。

[印度] 阿玛蒂亚·森:《以自由看待发展》,任赜、于真译,中国人民大学出版社 2012 年版。

[英] 帕特南:《使民主运转起来》,王列、赖海榕译,江西人民出版社 2001 年版。

二、中文著作

《独龙族简史》修订本编写组:《独龙族简史》,民族出版社 2008 年版。

方国瑜主编:《云南史料丛刊》(第十二卷),徐文德、木芹、郑志惠纂录校订,云南大学出版社 2001 年版。

何大明:《高山峡谷人地复合系统的演进——独龙族近期社会、经济和环境的综合调查及协调发展研究》，云南民族出版社 1996 年版。

何大明、李恒主编：《独龙江和独龙族综合研究》，云南科学技术出版社 1996 年版。

黄锐主编：《孔当村调查：独龙族》，中国经济出版社 2014 年版。

蒋劲夫、罗波：《独龙江文化史纲：俅人及其邻族的社会变迁研究》，中山大学出版社 2013 年版。

陶天麟：《贡山独龙族怒族自治县教育志》，云南民族出版社 1995 年版。

政协怒江州委员会文史资料委员会编：《独龙族》（云南省怒江州民族文史资料丛书），德宏民族出版社 1999 年版。

王小强、白南风：《富饶的贫困》，四川人民出版社 1998 年版。

云南省编辑组编：《独龙族社会历史调查（二）》，云南民族出版社 1985 年版。

中国科学院民族研究所云南民族调查组、云南省历史研究所民族研究所编：《云南省怒江独龙族社会调查》，1964 年。

三、论文及报纸、网络文章

杜星梅：《独龙族的生计方式与生存空间——独龙族的社会生活研究》，云南大学博士学位论文，2018 年。

《独龙江畔 一跨千年——一个民族的教育跨越》，《中国教育报》2020 年 10 月 31 日。

高志英：《分享、互惠、交换——独龙族人与自然命运共同体的神话隐喻及现代启示》，《贵州民族研究》2020 年第 8 期。

胡衍立：《独龙族之"文面女"》，《中国民族博览》2016 年第 11 期。

景天魁：《底线公平与社会保障的柔性调节》，《社会学研究》2004 年第 6 期。

《山高水长隔不断——中共云南省委书记令狐安徒步深入独龙江乡调研散记》，《民族工作》1999 年第 1 期。

敏玲：《独龙族的"火塘"分居制》，《思想战线》1982 年第 1 期。

单丽卿：《"强制撤并"抑或"自然消亡"？——中西部农村"撤点并校"的政策分析》，《河北学刊》2016年第1期。

唐钧：《社会保护的历史演进》，《社会科学》2015年第8期。

万兰芳、向德平：《精准扶贫方略下的农村弱势群体减贫研究》，《中国农业大学学报（社会科学版）》2016年第5期。

谢东梅：《低收入群体社会保护的政策含义及其框架》，《商业时代》2009年第21期。

左停、王琳瑛、旷宗仁：《工作换福利与贫困社区治理：公益性岗位扶贫的双重效应——以秦巴山区一个行动研究项目为例》，《贵州财经大学学报》2018年第3期。

新华社：《微记录|大爱跨千年》，http://www.xinhuanet.com/video/2020-11/27/c_1210905316.htm，2020年11月7日。

《怒江跨越　一跃千年——人类减贫史"怒江实践"》，云南大峡谷网，https://www.nujiang.cn/2020/1209/84163.html，2020年12月9日。

潘锦秀、杨时平：《独龙江畔赶集忙，彩虹毯编织着不见不散》，独龙江乡人民政府微信公众号。

潘锦秀：《独龙江妇联：素质提升开创美好新生活》，独龙江乡人民政府微信公众号。

杨时平：《村组力量——正在绽放的新时代文明之花》，独龙江乡人民政府微信公众号。

杨时平：《这些剪影，是独龙江最美样子的最好缩影》，独龙江乡人民政府微信公众号。

新华访谈：《"人民楷模"国家荣誉称号获得者——高德荣》，新华网云南频道，http://www.yn.xinhuanet.com/live/zf2019/gdr/index.htm。

张海魁：《天路十日——"贡山县5·25自然灾害"独龙江公路应急抢险保通纪实》，中国公路网，http://m.chinahighway.com/locality/article/334927.html。

《独龙江界务员迪志新一家三代守护界碑》，新华网，http://m.xinhuanet.com/yn/2019-12/19/c_138640132_7.htm。

千年一跃：独龙江畔的脱贫攻坚实践

《习近平给"国培计划（二〇一四）"北师大贵州研修班参训教师回信》，《人民日报》2015年9月10日。

张勇：《雪域青山的家国情怀——云南独龙族"一跃千年"系列报道》，《光明日报》2019年5月3日。

后　记

本研究源自国务院扶贫办 2020 年"三区三州"和部分典型市县乡村脱贫攻坚案例总结课题，这是我国迄今为止首次在减贫发展领域以国家名义通过中国国际招投标公司面向社会招标的十五个项目之一，本课题为"独龙江乡精品案例总结研究"。在陆学艺先生的倡导和亲自关心下，贵州民族大学社会建设与反贫困研究院学术研究团队组建于 2010 年，这支由中国社会科学院社会学所、贵州民族大学、贵州大学、复旦大学、华东理工大学、中山大学、贵州师范学院等 7 家机构研究人员组成的研究团队，10 余年来一直致力于中国减贫发展专题研究，参与了从扶贫攻坚到精准扶贫，再到脱贫攻坚，直至消除绝对贫困，实现小康收官节点重要历史过程的相关研究工作。作为 10 余年来的亲历研究者，如果我们能以自己的专业担当和研究实践，与解决人类历史上绝对贫困问题的中国经验，形成生命意义的交集，该是怎样的光荣。很庆幸，我们中标了。

一、驻扎式调研过程

在参与公开招标之际，本课题组组建了由社会学、人类学、民族学、历史学、旅游管理、文化产业管理、政治学和马克思主义哲学等专业背景的专家组成的研究队伍,其中教授(研究员)8人、副教授6人、助理研究员2人。在获得该项目之后,本课题组按照以下步骤开展了扎实的工作。

(一) 前期准备

1.收集研究资料。2020年8月20日至9月15日,在研究撰写投标技术文本时,收集整理了一批相关资料。中标后,以团队中在云南大学有读博经历或正在任教的4位专家为主,集中收集怒江州和独龙江乡的历史文献资料和脱贫攻坚期的党政文件、工作总结、实践过程的媒体报道等资料,其中团队成员杜星梅,分享了自己对独龙江3年实地调查、6年持续研究而形成的博士论文,使本项目参与者有了关于独龙江生计认知的基本历史具象。

2.前期培训。2020年9月20日至22日,课题组完成了全体成员培训,明确项目总体要求和任务安排,对疫情防控、资料保密、工作作风、质量控制等方面进行内部培训。

3.内部研讨。2020年9月23日至24日,课题组结合已有的扶贫研究经验和以往在云南省丽江市和怒江州调查研究的经验,召开内部研讨会,结合培训内容,初步拟定研究框架。

4.制定调研方案。2020年9月25日,课题组与怒江州、贡山县及独龙江乡相关部门对接、沟通,共同制定并细化调研方案。

(二) 实地调研

2020年9月18日确认中标后,课题组随即组成3个工作组。其一,由10名研究人员和2名调研助理组成实地调研专家组(其中正高4名、副高6名)。其二,由38位本科生和硕士研究生、1名协调员组成录音资料整理工作组,保证完成前一天前方实地调研专家组传回的访谈录音资料整理。其三,由贵州民族大学社会建设与反贫困研究院3名行政人员组成行政及经费保障支持组,在后方提供必要帮助。

后 记

1. 资料收集

（1）州级入场调研及资料收集。2020年9月26日，课题组进驻怒江州所在地六库，向怒江州扶贫办副主任董郁程、宣传部副部长茶凌云汇报调研任务，听取他们对相关内容的介绍和调查建议。9月27日上午，在六库召开了由州组织部、州交通运输局、州烟草公司、州财政局、州教育体育局、州发展改革委、州民政局、州文化旅游局、州农业农村局、州住房城乡建设局、州自然资源和国土规划局、州卫健委、州水利局、州扶贫办等部门参加的汇报会议，现场布置前期研讨形成并根据部门汇报修改完善的资料收集清单，由州扶贫办负责汇总，一周后交调研组。

（2）综合性资料收集。收集查阅习近平总书记及其他国家领导人对贡山县、独龙江乡脱贫攻坚工作的重要指示批示与回信；收集整理云南省、怒江州、贡山县关于独龙江乡脱贫攻坚相关政策、部署安排、项目和资金投入情况，其他总结性、理论性、纪实性研究成果及新闻报道等；收集贡山县脱贫摘帽评估报告、年度总结报告等；收集研究贡山县、独龙江乡已经开展过的总结成果；查阅贡山县、独龙江乡刚解放时和整乡推进、整族帮扶时期的历史资料。

（3）专题性资料收集。课题组由各专题负责人与贡山县及独龙江乡相关部门协商，并根据产业发展、教育、医疗、交通、党史等专题要求，拟定资料清单，收集相关资料。

（4）驻扎式调研过程性资料收集。课题组收集整理了调研资料，包括录音、图片、视频、村庄资源图等过程性资料，对独龙江乡级及6个村的相关资料，也在驻扎式调研过程中加以收集和整理，形成乡、村专题资料库。其中，孔当村、巴坡村因5·25特大洪水冲毁电脑，课题组只能从独龙江乡间接获得资料；其余4个村的资料包括了从乡、村两级收集的所有资料。座谈会后，课题组还参观了"怒州样本"展馆，直观感受到怒江州历史人文的方方面面,读到一个个发生在怒江战胜贫困的先进事迹,看见了中央及社会各界多年来对怒江人民的关爱、援助及支持。

2. 驻扎式调研

根据招标指南的要求,本次调研以驻扎式调研为主要方法。在脱贫攻坚典型案例总结启动研讨会上,国务院扶贫办领导指出,开展驻扎式调研要透过现象看本质,透过数字看变化,通过分析看趋势。在本团队村庄研究一贯采用的以10天以上时间,通过"现场深度访谈+整体式、系统性确认被访人+村庄资源图及脱贫攻坚示意图制作"的长时段调研,凸显"驻扎式调研"的特点,我们更加强调以下三点。其一,以独龙江乡为"现场",对被访人进行条件限定。即被访人无论是县级层面职能部门领导,还是曾经的扶贫工作队员,均必须有在独龙江乡及下面村里工作过的经历,对之为调研组多维度、全面了解独龙江的脱贫攻坚从而建立政策评估基础。其二,对调研内容、专题的选取要满足逻辑与历史一致性的条件。即对访谈对象的选择要注意对独龙江脱贫攻坚历程尽量长时间的参与,也注重在阶段性转换时对问题、困难及衔接,可持续的体悟和认知,以加深调研组去捕捉历史关键点的敏感性;对专家组而言,则是根据各人的专业特点和扶贫研究已有成果的领域分布,在对应被访人时,一张蓝图绘到底,寻找同类项,使驻扎式调研从内在关联上一气呵成。其三,也是最重要的一点,以深入与比较相结合的方式,围绕减贫发展的各个方面,对贫困人群及一般农户、村干部、在村外来人员进行大面积的访谈与近距离观察。为此,仅在村驻扎,课题组就安排了14天时间。

2020年9月27日至10月17日,课题组开展了蹲点调查,访谈了一系列机构负责人和参与独龙江扶贫工作的重点人物,探索独龙江乡脱贫攻坚的内在机理。在调查过程中,课题组坚持每日晚课制度,即在每天调研结束当晚召开讨论会,课题组成员就其所调研的内容,向其他团队成员通报,并讨论第二天的调研任务，以此提升团队合作能力和工作效率。

（1）2020年9月28日至30日，在贡山县县级层面进行座谈及访谈。课题组与县委县政府主要领导及分管领导、扶贫办、农业农村局、自然资源局、教育局、组织部、财政局、发改局、林业局、金融办（县人行、融资平台）、民政局、工信科技局、文化局、卫健局、交通局、水利局、住建局等，以及部分地方文化专家，召开了3场座谈会，并开展了23人次单独访谈。调研内容涉及云南省、怒江州对独龙江乡脱贫攻坚的顶层设计，以及贡山县在独龙江乡脱贫攻坚期间对农业产业、农村人居环境、农业生产条件等方面的投入和绩效，并形成对理解以脱贫攻坚统揽全县经济社会发展全局的机制创新认知。

（2）2020年10月1日至2日，对贡山县其他乡镇几个专题村的比较性考察。易地移民搬迁专题，考察了茨开镇幸福新区、南大门珠海援建易地移民搬迁小区；产业扶贫专题，考察了茨开镇咪谷村草果基地、普拉底乡农产品扶贫加工厂、独龙蜂养蜂场；乡村旅游专题，考察了丙中洛镇双拉村、日当村，对村民赵国强、农家乐老板、村主任余秀姝、村支书和少鹏、县文旅局高坦副局长、辅警等进行访谈。对贡山县普拉底乡、茨开镇、丙中洛镇5个村、8个专题点的现场考察及对10余位关键人物的访谈，不但从地质地貌、土地资源、民族文化、历史背景等方面看到其与独龙江乡的差异性和共同点，更是从脱贫攻坚时效及基础建构的视角，感受到独龙族早先脱贫摘帽的震撼与求真务实的价值。

（3）2020年10月3日至14日，与独龙江乡主要领导及分管领导、各站所，以及社会各界进入独龙江开展驻点扶贫工作的干部和社会人士，进行座谈或访谈。调研内容涉及独龙江乡历史变迁、变迁比较与脱贫攻坚的政策体系、资金投入、项目安排，对交通、水利、农村人居环境、农业生产及其他产业发展条件等方面的投入，自然资源开发、国土空间规划利用、城镇规划和网络通信、电子商务发展情况，教育、医疗扶贫的开展情况，民族文化、旅游发展情况，社会保障兜底扶贫，以及党建促脱贫、调配干部到独龙江乡脱贫攻坚一线的情况。

我们有了作为研究者职业生涯中的一段独特经历。还在六库，又到贡山，多人建议我们说老县长高德荣是必访人物。因此，在与县里制订独龙江访谈计划时，高老县长赫居首席。第一天到独龙江，先说好下午一起午餐后进行访谈，不见；又拜托乡书记说好第三天从村里返乡时去拜访，不见；团队两位重量级研究人员第4天，也即10月6日要离开独龙江提前返程，不见；团队继续在独龙江6个村驻扎式调研，9天过去了，还是不见。直到第10天，才说可以访谈他了。一见面，我们按常规介绍我们的来意，老县长打断说"我知道"，要向他汇报在独龙江调查情况，他说"我知道"；转告先走的专家对他的敬意。他说"你们先走了4位"（1位受伤，3位返岗工作）。又说，"有一些上层的领导来调查一下，想见我，我说我不在家。干什么工作都要踏踏实实，不能走马观花"。看来老县长真是喜欢上我们了，一口气谈了4个多小时；我们离开独龙江的前一晚，给我们饯行（其实是接着谈独龙江），又进行了4个半小时；第二天一早到宾馆送我们上车，亲自给我们每一个人穿上一件独龙族的礼服马甲，据说这是独龙族对待来宾的最高礼仪。让我们暗中经历了从所未有的被访人对来访者严苛的"考试"，也收获了过关后心心相印的洁净感情和作风认同。

（4）2020年10月3日至14日，村级层面入户访谈。课题组团队集中进村，然后在独龙江所辖6个村依村按专题分工，全面铺开入户调查。在村里选择入户对象时，分为三大类，分类原则是：其一，按农户经济水平划分，贫困户、低保户、五保户、出列贫困户、一般农户；其二，按农户主要生计方式划分，如种植、养殖、公益岗位就业、新业态创业等；其三，按职业身份划分，如驻村工作队队员、村两委成员、合作社负责人、致富能人等。在村调查，采用深入而细致的人类学观察方法与概括村庄特点原则和结构性互补原则的社会学方法，在6个村选取入户被访对象进行调查，则体现

后 记

出团队专业对应的优势。但如此学理的理性选择，也会受到来自实践的挑战。最终还要服从于实践，反过来改进和校正团队的思维定式。在此有 3 个例子颇为有趣。独龙江乡驻村调查要结束的前一个晚上，县扶贫办一直随队提供支持的副主任问课题负责人问："孙老师，你说驻村调研天天晚上你们都 11 点、12 点回来。从安全上，我们最担心的团队成员是谁？"孙老师随口就来："自然是我。年龄又大，体型又胖，怕我摔跤。"回答："不是你，是杜博士。她跟 6 个村的老乡都熟，天天晚上边访谈边唱歌边喝酒，这得很晚才回客栈，路上摔倒了怎么办？"杜博士论文选题是经济人类学方向，在独龙江 6 个村前后调查 6 年，4 年之后结束驻村调查返回昆明，她还是在按人类学的参与观察法不时电话联系，增加新知识。与她不同的是，两位在中国社会科学院获社会学博士学位的帅哥（一位专业方向是农村社会学，一位是社会理论史）来到当时被习近平总书记接见过的纹面女家访谈，老人一边微笑着给他们炒苞谷吃、泡油茶喝，一边回答问题，送他们出门时还往其中一位口袋里装炒好的苞谷。两位帅哥出了门，争辩老奶奶对谁更亲，晚上汇报会上的共识是我们与她之间感情上没有"区隔"。第三个故事发生在主攻历史人类学的曹教授身上，他 20 年前曾到六库作怒族、傈僳族民族调查，因没有其他安身之处，只得住在老州长家近两个月，一路上给队友们描述六库就是一个村头几户人家，毫无州府的感觉，且贫困至极，令人窒息。我们 9 月 26 日晚上到六库安顿下来已经很晚了，来不及交流，谁知第二天一早，州各职能部门见面会一开始，曹教授就说他一夜未眠，被六库的都市情景震撼了。紧接着以历史、当下、未来融会贯通的论证，大谈怒江州今后发展融入南亚、东南亚经济圈的现实性，大谈人类命运共同体，其思想的感染力使现场一下子变得热烈起来。可进到独龙江的第三天，曹教授摔了一跤，左手臂骨折，回贵阳医治，这次不能继续在独龙江调查，成了他的终身遗憾。多个学科领域在独龙江课题中互为支撑，形成互补，互不遮蔽，沉潜于村庄的驻扎式调研方法无疑是有力支撑。

（5）2020年10月3日至10日，课题组对6个村庄，分别就资源及脱贫攻坚工作进展，手绘、完善了示意图草稿。本团队在脱贫攻坚总结之前20多年的村庄调查中，就不断创新和完善村庄资源图，使之成为村庄研究的利器。自2017年开始承接脱贫攻坚总结研究以来，村庄资源图被拓展为村庄资源与脱贫攻坚示意图。至独龙江乡课题之前，我们已在全国3个省绘制了20余张示意图。之前画图，我们都要在当地合作者陪同下，进行实地考察，精通村庄各种资源情况，然后才铺开白纸，花上半天时间边访谈边在纸上精准绘制。但在独龙江却完全不同，因为其地域面积1994平方千米，且高山峡谷，千溪百河，无路深入，绘图就只能完全依靠村里长期率队巡山护林护边的合作者们一齐上阵，边讨论，边电话向更熟悉某山谷的其他村民不断咨询才能完成。示意图的技术要求，竟让参与者们兴奋不已。海拔高差近2588米的一条峡谷内，估计面积有20平方公里，竟然只住着五六户人家，构成一个村民组。两户之间，走路远的需要一两个小时。但整乡推进和脱贫攻坚，让他们搬到河谷平坝上的安居房社区，一切在图上都这么鲜活地表现出来。绘图的过程其实就是"查家底"的过程、展示脱贫攻坚成效落地的过程，村里的绘图者比我们兴奋和自豪得多。当他们在深山峡谷中确认一户户村民原住地，一个个真有熊出没的片区，一段段巡山和采药采菌的小道，一条条溪流怎么汇入小河、中河、大河的河床，网状项目结构凸显中，包含着他们对这块土地的熟知、对亲人们的热爱、对党和国家的感激之情。参与绘图的6个村30余名老乡中，最让我们难忘的是身高近一米九的巴坡村王书记的朗朗笑声。每想到一个目标点，特别是有价值的信息，他都会笑出带着磁性的声音，绘图的5个多小时，他一直笑得灿烂，笑得开心，笑得纯净无邪，如果你是一个在现场的"观察者"，一定会被他的笑声打动。

（6）2020年10月6日、10日、14日，村级案例现场总结。在实地调研的过程中，课题组阶段性地召开讨论会，初步分析如何在独龙江乡6个村脱贫攻坚过程及成效表征的差异性中发现共性，如何在当地总结报告基础上，结合课题组调查材料开展学理分析。三次在调研现场召开研讨会，既是团队作业的优势互补，又是以驻扎调研方式将鲜活材料整合进学理分析的众人拾柴。既有专攻又善合作的专业团队，成了驻扎式调研方法的标配。

（7）2020年10月14日至16日，县、州补充调查。10月13日，从独龙江返回贡山县和怒江州府六库区，一方面，在调查研究进程的最后阶段，在课题组有了较全面和较鲜活的认知时，听取县扶贫办主任、农业局局长、珠海挂职副县长、州委书记、州宣传部部长等对独龙江乡脱贫攻坚经验总结的意见和建议，以加深对经验材料的系统把握和理性解读。几位领导对独龙江下一步如何巩固脱贫攻坚成果、让人民过上更好日子的问题意识、政治站位、辩证思维，给课题组更实在和更宽阔的思考空间。另一方面，在贡山档案馆，4位研究人员又埋头查阅资料3个半天，在档案馆，一位年轻的副教授情不自禁要求其他在查阅资料的队友听他朗诵20世纪70年代第一批医疗队进入独龙江的工作总结。

在六库观看了在"2020年怒江州脱贫攻坚表彰大会"前一晚，12位受表彰者的脱稿全程彩排，让课题组在离开怒江时又一次得到精神的洗礼和生命的升华。在六库会议中心，台上12位报告人的讲述，让台下的我们泪流不止，同时也升腾出一种浩然正气，到怒江驻扎式调研的20天，让我们更懂得什么是一个大国的光荣。

以驻扎式调研的方式，我们在20天中一共收集到240G文献资料、视频图片以及访谈录音，共访谈160多位各类人员。其中，21位县级职能部门的领导、18位乡镇领导、22位村两委干部、6位驻村第一书记、13位驻村工作队员、52户农户，其中卡户18户。此外，访谈了农家乐从业者、养蜂人、建筑工人、辅警、村医、教师等20余人及州级层面干部8人次，访谈录音共计269小时，整理文字300余万字。手绘村庄资源及脱贫攻坚示意图6份，耗时38小时，参与村民30余人。

（三）分析资料，与指导组互动及撰写研究成果

1. 组织项目研讨会

2020年10月18日至30日，课题组在分专题开展研究的基础上，形成了研究报告写作大纲初稿。11月3日，来自北京、昆明、贵阳的14名课题组成员用时10小时在贵阳召开了专题组内部会、课题组综合讨论会。研讨会由课题组首席专家王春光研究员主持，对报告框架及章节内容、中心思想、总体结构等进行讨论和修改。会上，4位未参加实地调研的专家，也从他们各自的专长，即社会治理、社会保障、乡村旅游、易地扶贫搬迁等角度提出了专业性建议。针对独龙江案例的头脑风暴，使报告写作有了更丰富的视角和更集中的聚焦。

2. 与中国扶贫发展中心指导组的互动

与之前承接的脱贫攻坚案例总结项目不同，这一次是脱贫攻坚收官之际，以国家精品案例定位的研究项目，因此，案例总结将政治品质与学理品质高度结合、有机构成，成为国家意志落地生根的内在要求。为确保质量，国务院扶贫开发领导小组在招标指南中明确了以中国扶贫发展中心作为项目管理和指导单位，与各课题组形成技术互动关系的领导组织者。本项目的实施过程在具体环节上，主要有5个重要节点：其一，2020年8月20日至9月25日，对将招标指南的精准理解与如何将其融进课题设计的规划方案，进行深刻探讨。其二，开标后根据要求，课题组一行三人到北京，与中心领导和聘请指导专家左停、易红梅教授一起研讨课题组提供的研究方案。针对本课题方案，专家和领导均明确指出，第一，独龙江乡的脱贫攻坚投入和推进方式是不可复制的，但其中起作用的体制、机制及创新，对中国民族、边疆地区却应包含普遍性意义和经验价值；第二，中标研究团队要充分体现学

者立场，并注意与政策实施过程进行关联性分析，也即学理性的融入。使研究成果避免自说自话，具备全球的包容性。其三，驻扎式调研的前端沟通服务与过程中的沿途指导。由于既想让团队部分校外专家能利用国庆假期参与调查，同时又想让驻扎式调查要求名至实归，有尽量充足的驻村经历。本课题是15个招标课题中第一个出发的团队，9月26日即启动进场。对于我们的先行之举，中国扶贫发展中心给予了充分的理解和大力的支持。不但在百忙中为我们专门行文通知云南省和州委政府，还在过程中每天关心我们的工作推进有无困难，是否需要提供帮助。我们在感到温暖备至之时，也深知自己身上的责任。中国脱贫攻坚总结的每一个进展，同样是这一伟大事业的有机组成部分和顶天立地的壮举，我们感慨自己有幸参与其中。其四，按合同要求，报告写作框架及初稿写作内容仍然要在与指导单位的互动中完成，为此，中国扶贫发展中心几位领导和职能处室领导组织了6次线上、线下汇报和指导研讨会议。课题组潜心参与，认真领会，努力工作，以良好的状态去完成后期任务。

二、对研究方法的反思

从研究方法上看，独龙江精品案例研究报告是国家层面的招标课题，又在脱贫攻坚收官之时启动项目，贯彻国家意志和明确政治站位是重要前提。这是否会影响到本项研究的独立客观性？这个问题既涉及研究成果的价值，也涉及研究立场的恰当性和研究方法的科学性，在此，有必要将我们的想法和定位作一个交代。

现代社会科学源于西欧，而其知识分子的源头与宗教机构有着极其密切的关系。在宗教权力和世俗权力二分且宗教权力常占上风的传统影响下，其重要社会职能之一，便是捍卫宗教价值，批判世俗政权。资产阶级革命之后，知识分子与宗教机构的关系日益松散化，但其批判性却一直延续了下来，并成为现代知识分子的某种精神象征，强调与政府保持距离，少与政府合作，社会角色定位即无所羁绊的批判者。具有批判性无疑有其宝贵的一面，但是，只注重批判，也可能因不知建设的艰难性而导致偏执，甚至滥用专业知识乃至舆论的权力。不少当代西方著名人文社会科学家，如福柯、布迪厄等，也已在逐步深刻地反思这个问题。[1]

中国知识分子的传统，典型者如儒家知识分子，历来强调在参与建设中进行反思。无论是先秦儒家的"修身、齐家、治国、平天下"信条，还是宋儒"为天地立心，为生民立命，为往圣继绝学，为万世开太平"的理想，"主流"思路都是身体力行参与和反思相结合，而非崇尚"站着说话不腰疼"。近代以来，中国知识分子在学习、借鉴西方的基础上，也建设起了一整套现代社会科学，用以研究社会。但是，本土化的中国社会科学依然注重建设性的参与实践，"从实践中来、到实践中去"，反思性建言建议首先得立足于参与实践，而不是靠"旁观"指手画脚。

从文化相对论的角度说，以上两种知识分子文化和社会角色定位的传统，显然不宜简单地说孰优孰劣。相反，二者相互借鉴、取长补短，反倒可能是值得现代世界知识分子去探索的方向。进而，我们也应对这两种不乏差异的知识分子文化传统，可能对本课题研究所倚重的实地社会调查研究造成的影响，有一个辩证、客观的反思。

在社会调查研究中，必要的"价值中立"对于客观地分析问题，无疑有着重要的意义。不过，从实践方法论的角度看，任何活生生的研究者都不可能是一架毫无主体特征的机器，而必定是只能在某种程度上做到"价值中立"。因此，所谓"客观"也一定是带有条件的，绝对客观与其说是一种实践方法的可能性，不如说是一种对研究者立场、价值的掩饰。这正如著名社

---

[1] 参见［法］米歇尔·福柯：《知识考古学》，谢强、马月译，生活·读书·新知三联书店2003年版，第206—207页；［法］布迪厄、［美］华康德：《实践与反思》，李猛、李康译，中央编译出版社1998年版，第232—233页。

会学、人类学和民族学家费孝通所指出的，社会调查研究要"进得去、出得来"，对于与当地很熟的研究者而言，挑战在于不易"出得来"（即难以做到客观反思），但对于不熟者而言，难点在于难以"进得去"。① 而一旦难以"进得去"，真正客观、准确地理解也就成了困难，甚至是奢谈。

研究者采取与研究对象较"远"的立场，与研究对象中的人和事牵扯较少，的确可以让双方之间的利益、情感区隔得清晰些，从而在这个方面较易保持一定的研究客观性。但是，如此一来，在调查研究中也可能出现一种风险，那就是研究者根本没法与研究对象中所涉及的人建立起起码的信任，了解不到相应的真实信息，更不用说根本无法以"感同身受"的同情心进入研究对象的精神世界，理解其看问题的视角。

本课题研究所采用的是，与政府、参与扶贫的干部和社会人士保持合作性立场进入实地开展调查，得到了怒江州、贡山县及独龙江政府各职能部门的通力配合，首先比较好地解决了进入"现场"的问题。同时，课题组在访谈大量扶贫干部和社会人士的过程中，也直接触及到了他们作为活生生的人的日常生活、喜怒哀乐。我们无数次被感动，他们也有家庭，甚至身体有恙，但为了独龙江的反贫困事业，长期与家人分离，有病也得不到及时医治。有人甚至为此献出了宝贵的生命，长眠于怒江、独龙江大峡谷中，再未能回到亲人身边。对于这些，我们很难将之简单地处理成一堆冷冰冰的、看上去与主体精神无关的"客观"数据。

诚然，我们无意否认，并不是每一个调查到的干部，都愿意将扶贫工作的困难、成绩和遇到的问题，同等细致地呈现给一个外来的调查者。由此，在研究方法上，本课题组并未将政府职能部门或在一线从事扶贫工作的干部、社会人士提供的每一条信息，都不加甄别地当成客观事实加以对待。事

---

① 费孝通：《重读〈江村经济〉序言》，载《费孝通文集》第十四卷，群言出版社1999年版，第32页。

实上，本课题组还安排了大量的、针对普通农民的入户调查，随机抽样达到近10%成年人口的访谈，可以对前一类信息进行很大程度的矫正。更何况，粮食供给、公路、自来水、住房、森林植被、学生入学和升学率、基本医疗供给等关键性的反贫困要素变化，对实地调查而言，无疑如同"自然科学"现象一般有着显而易见的客观性。综合以上信息做出研究分析，尽管本课题采用的是与政府及参与独龙江扶贫的干部、社会人士合作性立场进入实地调查，但总体上看，对其扶贫方法、绩效和问题的把握，应基本是准确的。独龙江所采用的诸多具体的、因地制宜的方法，未必都具有可复制性和普适性，但它所呈现出的在深度贫困区打反贫困"攻坚战""啃硬骨头"所经历的挫折和取得的经验，应具有相当普遍的启示意义。

三、课题研究团队及写作分工

（一）课题研究团队

本项目组组长为贵州民族大学孙兆霞教授，项目组成员由贵州民族大学、中国社会科学院、华东理工大学、云南大学、贵州大学等多所高校、科研机构的教师、研究人员构成。具体人员名单如下：

组长：孙兆霞，贵州民族大学社会建设与反贫困研究院教授、博士生导师，贵州省文史研究馆馆员，中国社会学会农村社会学专业委员会副理事长。

副组长：王春光，中国社会科学院社会学所副所长、研究员、博士生导师，中国社会科学院社会政策研究中心主任，中国社会学会农村社会学专业委员会理事长，中国社会学学会常务理事，中国社会政策专业委员会副理事长。

副组长：黄路，贵州民族大学社会建设与反贫困研究院院长，副教授。

后 记

项目组成员有：

谭同学，云南大学民族学与社会学学院教授、博士生导师，中山大学华南农村研究中心研究员，人类学博士，博士后，（首届）教育部高等学校民族学类专业教学指导委员会秘书长，首届国家民委民族问题研究优秀中青年专家，第四届中国社会学会农村社会学专业委员会理事，贵州民族大学社会建设与反贫困研究院特聘研究员。

张建，湖南怀化学院马克思主义学院副教授，贵州民族大学社会建设与反贫困研究院特聘研究员，民族学博士，第四届中国社会学会农村社会学专业委员会理事。

马流辉，华东理工大学社会与公共管理学院副教授、硕士生导师，社会学博士，博士后，教育部首批"全国党建工作样板支部"——社会学系教工党支部书记，贵州民族大学社会建设与反贫困研究院特聘研究员。

曹端波，贵州大学教授，历史学博士，博士后，贵州民族大学社会建设与反贫困研究院特聘研究员。

陈志永，教授，经济学博士，贵州大学旅游管理专业硕士生导师，文化和旅游部中国乡土社会研究中心执行主任，贵州民族大学社会建设与反贫困研究院特聘研究员。

徐磊，贵州民族大学社会学与公共管理学院校聘副教授，社会学博士，贵州民族大学社会建设与反贫困研究院特聘研究员。

宗世法，贵州民族大学社会学与公共管理学院校聘副教授，社会学博士，博士后，贵州民族大学社会建设与反贫困研究院特聘研究员。

雷勇，贵州民族大学社会学与公共管理学院副教授，民族学博士，贵州民族大学社会建设与反贫困研究院特聘研究员。

王晓晖，贵州民族大学研究生院副院长，教授、博士生导师，社会学博士，贵州民族大学社会建设与反贫困研究院特聘研究员。中国社会学会劳动社会学专业委员会理事、中国社会学会社会研究方法委员会理事、贵州社会学会常务理事、贵州省妇儿工委性别评估专家。

毛刚强，贵州民族大学社会学与公共管理学院、社会建设与反贫困研究院研究员，社会学博士。兼任中国社会工作教育协会农村社会工作专业委员会副主任、贵州省社会工作协会副会长、贵阳市馨筑妇女发展中心总干事、贵阳市好家社区建设中心法定代表人。

曾芸，贵州大学旅游学院教授、硕士生导师，管理学博士，博士后，贵州民族大学社会建设与反贫困研究院特聘研究员。

杜星梅，云南大学历史与档案学院助理研究员，民族学博士，在站博士后。

梁坤，贵州师范大学硕士毕业生。

参加课题实地调研的人员为：孙兆霞、王春光、黄路、谭同学、张建、曹端波、雷勇、徐磊、宗世法、杜星梅、高迪（学生助理）。

（二）各章节撰写人员

第一章：孙兆霞、徐磊；第二章：孙兆霞、张建；第三章：徐磊；第四章：孙兆霞、宗世法；第五章：宗世法、雷勇；第六章：张建。附录一、村庄资源及脱贫攻坚示意图（电子制图）与村情概述：梁坤；附录二、访谈录音整理：孙兆霞、宗世法；后记：孙兆霞、谭同学。

责任编辑：江小夏
装帧设计：胡欣欣

图书在版编目（CIP）数据

千年一跃：独龙江畔的脱贫攻坚实践/孙兆霞等 著.
北京：人民出版社，2024.6.--（中国脱贫攻坚典型案例丛书）.
ISBN 978－7－01－026628－2

I. F127.74

中国国家版本馆 CIP 数据核字第 2024JS3450 号

千年一跃：独龙江畔的脱贫攻坚实践
QIANNIAN YI YUE DULONGJIANG PAN DE TUOPINGONGJIAN SHIJIAN

中国扶贫发展中心　组织编写
孙兆霞 等 著

人 民 出 版 社 出版发行
（100706　北京市东城区隆福寺街 99 号）

中煤（北京）印务有限公司印刷　新华书店经销
2024 年 6 月第 1 版　2024 年 6 月北京第 1 次印刷
开本：710 毫米 ×1000 毫米 1/16　印张：14.75
字数：205 千字

ISBN 978－7－01－026628－2　定价：58.00 元

邮购地址 100706　北京市东城区隆福寺街 99 号
人民东方图书销售中心　电话（010）65250042　65289539

版权所有·侵权必究
凡购买本社图书，如有印制质量问题，我社负责调换。
服务电话：（010）65250042